リーディングがもっと楽しくなる

78枚で占う タロット読み解き BOOK

LUA

日本文芸社

Message from LUA

タロットは、あなたが幸せになる後押しをしてくれます

タロットで鑑定をしていたときに、よく聞かれた質問があります。
「私は幸せになれますか？」
そんなとき、私はこんなふうにお答えしました。

「あなたの幸せって、なんでしょう？」

　美人で裕福で、あらゆるものに恵まれているのに、常に他人をひがんで「あの人は私よりも幸せそうでずるい」と愚痴や悪口ばかりいっている人がいます。そうかと思えば、お金はそれほどなくても、そして絶世の美女ではなくても、日々「楽しいね」「おいしいね」と暮らしている人もいます。なにかにつけ「私なんて……」といっている人もいます。どんなに逆境でも「ラッキーなこともあった！」と笑っている人もいます。

　この違いはいったい、どこから生まれるのでしょうか。それはきちんと幸せになりたいと意志をもち、日々そのための決断を下しているかどうか、ということです。

決断を下せずに生きているとどうなるでしょう。
「この人と結婚してよかったんだろうか」「この会社に就職してよかったんだろうか」「あのとき、転職しなくてよかったんだろうか」と自分を疑い、ダメ出しをし続けることになるのです。
　そんな人が果たして幸せであるといえるでしょうか。

　とはいえ、なにかを決めることには不安がつきまとうもの。環境や周囲の人の意見、そのときの立場や感情などあらゆる要因によって決断は左右されます。「本当にこれでいいのだろうか」と迷うこともあるでしょう。心の奥底から望むことがわからなくなってしまうこともあるかもしれませんね。
　そんなときに、私たちを支えてくれるのがタロットなのです。ふと迷いを感じたら、まず1枚、引いてみてください。あなたの本当の心を引き出すきっかけとなってくれるでしょう。

　はじめてタロットにふれる方も、すでにタロットに慣れ親しんでいる方も、さらなるおもしろさを感じていただけるように、この本では様々なアイデアをご用意しています。
　モチーフの意味や似たカードの読みわけかた、イメージのふくらませかたなど、これほど発見があるなんてと気づかされることでしょう。
　自由にタロットを活用するためのアイデア集として、楽しみながらおつかいいただければ幸いです。

LUA

2	Message from LUA
8	タロットをもっと楽しくするために
10	本書とのじょうずなつきあいかた

Introduction
タロット占いの基本

14	タロットで占うってどういうこと？
16	タロット習得の「壁」をこえるには
18	タロットの基礎知識
22	基本となるのが大アルカナ22枚
	23　愚者／魔術師／女司祭／女帝　　26　吊るし人／死／節制／悪魔
	24　皇帝／司祭／恋人／戦車　　　　27　塔／星／月／太陽
	25　力／隠者／運命の車輪／正義　　28　審判／世界
29	より細かい意味をもたらすのが小アルカナ56枚
	30　ワンド（棍棒）　　　　　　　　34　ソード（剣）
	32　ペンタクル（金貨）　　　　　　36　カップ（聖杯）
38	質問に明確に答えてくれるスプレッド
39	ワンオラクル／スリーカード
40	択一／ヘキサグラム
41	ケルト十字／ホースシュー
42	ホロスコープ①／ホロスコープ②
43	ハートソナー／カレンダー
44	*Column 1*　言葉のつむぎやすさでカードを選びましょう

Chapter 1
初級編

46	カードに親しみ、タロットになじみましょう
48	**1**　はやくカードになれてスムーズに占えるようになりたいです
	➡ デイリーワンオラクルがおすすめです
58	**2**　丸暗記が苦手……1枚1枚理解しながら覚えられますか？
	➡ 絵の細かいところに目を向けましょう
64	**3**　よく似た大アルカナのカードを読みわけられません……

		➡ 意味の違いを理解しましょう
70	4	テキストがないと小アルカナの意味がわかりません
		➡「スートと数」で考えましょう
74	5	自分に都合のいい解釈をしがち……的確に答えを出すには？
		➡ ポイントは質問のつくりかた
78		*Column 2*　タロットノートは上達の必須アイテム

Chapter 2
応用編

80		自分の言葉でカードを表現しましょう
82	6	覚えにくいカードをすぐに読めるようにするには？
		➡ あだ名をつけてみましょう
84	7	テキストの意味にとらわれてかたい言葉しかうかびません
		➡ 身近な光景に置きかえてみましょう
86	8	大アルカナの意味が抽象的で質問に合わせて応用しづらいです
		➡ 大アルカナはタイトルがいちばんのヒント
88	9	絵柄を見るだけで読み解きの手がかりを見つけられますか？
		➡ 色・人・スートに注目しましょう
92	10	コートカードがみんな同じように見えてしまいます
		➡ 人物のキャラクターをイメージしましょう
97	11	気になることの多い人間関係を簡単に占えませんか？
		➡ コートカード16枚だけで占えます
108	12	スプレッドをどこから読み解けばいいか迷ってしまいます
		➡ まずはスプレッド全体を眺めましょう
110	13	スプレッドのなかでどのカードがカギなのかわかりません
		➡ カードの強さに注目しましょう
112	14	重要な組み合わせのカードってありますか？
		➡ イレブンタロットに注目しましょう
116	15	スプレッドのカードの意味をつなげられません……
		➡「目に見えない糸」を見つけましょう
118	16	逆位置ばかり出ると読み解きかたがわからなくなります
		➡ 問題の核心があると考えてみましょう
120		*Column 3*　ユニークなタロットカードたちを集めるのも楽しい！

Chapter 3
つまずき解消編

122 　中級者にありがちなつまずきを解消しましょう

124 　**17** いつも同じ意味しか引き出せないカードがあります
　　　　➡視点をかえる工夫をしてみて

126 　**18** カードをたくさん並べるスプレッドが読み解きにくいです
　　　　➡「今の自分カード」を活用しましょう

128 　**19** いい言葉が思い浮かばず占いに時間がかかってしまいます
　　　　➡3秒ルールを徹底しましょう

132 　**20** 逆位置の意味まで覚えられず読み解きが止まってしまいます
　　　　➡3つの基本パターンを理解しましょう

136 　**21** 小アルカナの読みがどれも似たりよったりになります
　　　　➡似ているカードを比較しながら整理して

142 　**22** 人が描かれていない小アルカナのAが読み解きにくいです
　　　　➡ほかのスートと対比してみましょう

144 　**23** 明らかに当たっていないと感じるカードが出たときは？
　　　　➡最後まで読みきる「粘り」がカギ

146 　**24** どうしても読めないカードが出たときにヒントがほしい！
　　　　➡「引き直し」ではなく「引き足し」て

148 　*Column 4*　別の占いをプラスすることでメリハリが生まれます

Chapter 4
上級編

150 　解釈の引き出しを楽しみながら増やしましょう

152 　**25** 恋、仕事、お金についてもっと的確に答えがほしい！
　　　　➡ヌーメラルカードを活用しましょう

162 　**26** 占った結果から新しい疑問が出てきたときはどうすればいいですか？
　　　　➡スプレッドを組み合わせてみましょう

168 　**27** 質問にぴったり合った占いがしたいです
　　　　➡自分でスプレッドをつくってみましょう

170 　**28** 占いの精度を上げるための裏技ってありますか？
　　　　➡タロットと占星術を組み合わせましょう

174	**29** ホロスコープスプレッドは読み解くことが多くて「なんとなく」になりがち
	➡ ハウスについて知りましょう
178	**30** 人を占うときに気をつけるべきポイントは？
	➡ 「当てよう」と思わないことが大事
182	*Column 5* タロットパーティで楽しくリーディング力をアップ！

Chapter 5
実践編

184	どんどん占って実占力を高めましょう
185	鑑定例1 収入を上げるにはどうすればいい？
185	鑑定例2 気の合う友だちが欲しいです
186	鑑定例3 最近、なんとなく体力が落ちています
186	鑑定例4 仕事のメールはどんな文章にすべき？
187	鑑定例5 ネット記事の閲覧数を上げたいです
188	鑑定例6 義母の存在がストレスです
189	鑑定例7 受験生の子にどのように接したらいいですか？
190	鑑定例8 2年以内に結婚したいんです
191	鑑定例9 突然の異動に戸惑っています……
192	鑑定例10 運命の人に出会うには？
193	鑑定例11 最近、急に肌の乾燥が気になっています
194	鑑定例12 希望の部署で仕事がしたいです
195	鑑定例13 子どもを望みつつ、犬も飼いたいです
196	鑑定例14 私のいるべき場所はここなのか迷っています
197	鑑定例15 お金のことで夫とケンカをしてばかり……
198	鑑定例16 1年間の運勢が知りたいです！
199	鑑定例17 第二の人生はどのような運になりますか
200	鑑定例18 来月の運勢はどうなる？
201	鑑定例19 3連休はどんな運気になりそう？
202	鑑定例20 好きな人がなにを考えているかわかりません
204	鑑定例21 職場における自分の立ち位置に悩んでいます
206	鑑定例22 いまひとつ、自分に自信がもてません……

| 208 | Special Contents LUAの鑑定ルームへようこそ |

タロットをもっと楽しくするために

あなたとタロットの距離を縮め、つまずきを解消し、ますます占うのが楽しくなる
たくさんのアイデアをご用意しています。

タロットはあなたらしいやりかたで
もっと自由につかいこなしていいのです

　タロットカードは、そのミステリアスなイメージから、特別な力をもつ人しかあつかえないのではないかと思われがちです。でも、まったくそんなことはありません。いわゆるスピリチュアルな力、超能力は一切必要なく、普通の人がごく当たり前につかえるアイテムです。また、作法やルールを破ると呪われるのではないかといった印象もありますが、それも大きな誤解です。

　1組のタロットカードさえあれば、どんな人でも、タロットを手にした日からすぐに占うことができます。

　ただし、独学で進めていると、どうしてもつまずいてしまうことがあるもの。読めないカードが出てきたり、解釈がマンネリに陥ってしまったり。そうした壁を取り除き、より自由にタロットで占えるようになるアイデアを収録しています。ぜひ楽しみながら実践してみてください。

　タロットを日常に取り入れると、たくさんのうれしい変化があります。まずは、それをご紹介しましょう。

自分自身のことがよくわかるようになります

　タロットというと未来のことをズバリ当てる道具というイメージが強いかもしれませんが、どちらかというと、自分との対話をうながしてくれるツールです。カードを引いて、自分なりにいろいろなことを考えてみるうちに、「自分はこうしたいんだ」という意志が明確になってきます。そしてそのためにはどんなことをしたらいいか、行動の指針が見えてくるようになります。自己対話のツールとして、タロットは最適なのです。

私はどうしたいんだろう？

別の解決法はないかしら……

インスピレーションがわきやすくなります

これって、こういうことかも！

そういえば、あのカードに出ていた！

　タロットカードを見て、自由にイメージをふくらませてみてください。
　さらに「こういうことかしら？」と答えを言葉として表現してみましょう。
　このようにタロットはなにかを感じて、自分なりに表現するレッスンでもあるのです。これを習慣にすると、日常生活においても頭のなかの回路が開きやすくなるようで、普通に暮らしていても、いいインスピレーションを得やすくなるのです。

あらゆる決断に迷わなくなります

　お昼のメニュー選びＡ案とＢ案どちらでいくか……日々は決断の連続です。そんなときにタロットを活用しましょう。
　とはいえ、すべてをタロットまかせにするのではありません。「こうしたい」と思ったとき、それが正しいことを確認するために引いたり、考えを整理するために引いたり。意思確認のツールとして活用するイメージです。きっと自信をもって「これだ！」と決断するサポートをしてくれるでしょう。

大丈夫、私はこれを選ぶ！

ちょっと冷静に考えてみよう

9

本書とのじょうずなつきあいかた

初歩から少しずつ上達したい人ははじめから順に、ある程度、慣れている人は
気になるページから。あなたの好みに応じてつかってみましょう。

順番に読んでみましょう

Introduction
タロット占いの基本

タロットとはどういう道具なのかを解説します。タロットにはじめてふれる人はここからスタートし、すでに慣れ親しんでいる人はおさらいとして読むのがおすすめ。

Chapter 1
初級編

大アルカナ22枚、小アルカナ56枚に親しむためのページです。基本的にカードを1枚引く「ワンオラクル」（P39）だけで楽しめます。質問の立てかたの基本も、ここでつかんで。

Chapter 2
応用編

「スプレッド」（P38）を展開して、複数のカードを用いながら占っていきます。よりリーディングしやすくなるように、大小アルカナのイメージの広げかたを解説しています。

Chapter 3
つまずき解消編

占っているうちに「これってどうだったかしら？」「これで合っているのかな？」と不安を感じやすいポイントをピックアップ。それを解消し、スムーズな読み解きをしていきましょう。

Chapter 4
上級編

タロットをよりつかいこなし、あらゆることを占えるようになりましょう。他人を占うための心得や、タロット占い師として活躍したい人のためのヒントなども収録しています。

Chapter 5
実践編

実際のリーディング結果、対面で鑑定を行った際の実況レポートを収録しています。「こんなときはこう読めばいいのね！」という、より実践的なコツをつかめるはずです。

つまずいたところから読んでみましょう

カードの意味を覚えられないときは

➡ **2** 丸暗記が苦手……1枚1枚理解しながら覚えられますか？
　　……絵の細かいところに目を向けましょう（P58）

➡ **3** よく似た大アルカナのカードを読みわけられません……
　　……意味の違いを理解しましょう（P64）

➡ **4** テキストがないと小アルカナの意味がわかりません
　　……「スートと数」で考えましょう（P70）

➡ **6** 覚えにくいカードをすぐに読めるようにするには？
　　……あだ名をつけてみましょう（P82）

➡ **10** コートカードがみんな同じように見えてしまいます
…… 人物のキャラクターをイメージしましょう（P92）

➡ **20** 逆位置の意味まで覚えられず読み解きが止まってしまいます
…… 3つの基本パターンを理解しましょう（P132）

シチュエーションに応じてもっと柔軟に解釈したいときは

➡ **7** テキストの意味にとらわれてかたい言葉しかうかびません
…… 身近な光景に置きかえてみましょう（P84）

➡ **8** 大アルカナの意味が抽象的で質問に合わせて応用しづらいです
…… 大アルカナはタイトルがいちばんのヒント（P86）

➡ **17** いつも同じ意味しか引き出せないカードがあります
…… 視点をかえる工夫をしてみて（P124）

出た答えがピンとこなくて当たっている実感がわかないときは

➡ **5** 自分に都合のいい解釈をしがち……的確に答えを出すには？
…… ポイントは質問のつくりかた（P74）

➡ **19** いい言葉が思い浮かばず占いに時間がかかってしまいます
…… 3秒ルールを徹底しましょう（P128）

➡ **22** 人が描かれていない小アルカナのAが読み解きにくいです
…… ほかのスートと対比してみましょう（P142）

➡ **23** 明らかに当たっていないと感じるカードが出たときは？
…… 最後まで読みきる「粘り」がカギ（P144）

➡ **24** どうしても読めないカードが出たときにヒントが欲しい！
…… 「引き直し」ではなく「引き足し」て（P146）

スプレッドのカードを結論にうまくまとめられないときは

➡ **12** スプレッドをどこから読み解けばいいか迷ってしまいます
…… まずはスプレッド全体を眺めましょう（P108）

➡ **15** スプレッドのなかでどのカードがカギなのかわかりません
…… カードの強さに注目しましょう（P110）

➡ **16** 逆位置ばかり出ると読み解きかたがわからなくなります
…… 問題の核心があると考えてみましょう（P118）

➡ **18** カードをたくさん並べるスプレッドが読み解きにくいです
…… 「今の自分カード」を活用しましょう（P126）

➡ **29** ホロスコープスプレッドは読み解くことが多くて「なんとなく」になりがち
…… ハウスについて知りましょう（P174）

ゆっくりスプレッドを展開する余裕がないときは

➡ **1** はやくカードになれてスムーズに占えるようになりたいです
……デイリーワンオラクルがおすすめです(P48)

➡ **11** 気になることの多い人間関係を簡単に占えませんか?
……コートカード16枚だけで占えます(P97)

占わなくてもわかるような浅い答えしか浮かばないときは

➡ **9** 絵柄を見るだけで読み解きの手がかりを見つけられますか?
……色・人・スートに注目しましょう(P88)

➡ **14** 重要な組み合わせのカードってありますか?
……イレブンタロットに注目しましょう(P112)

➡ **15** スプレッドのカードの意味をつなげられません……
……「目に見えない糸」を見つけましょう(P116)

➡ **21** 小アルカナの読みがどれも似たりよったりになります
……似ているカードを比較しながら整理して(P136)

➡ **26** 占った結果から新しい疑問が出てきたときはどうすればいいですか?
……スプレッドを組み合わせてみましょう(P162)

➡ **28** 占いの精度を上げるための裏技ってありますか?
……タロットと占星術を組み合わせましょう(P170)

占いかたがマンネリ化してきたときは

➡ **25** 恋、仕事、お金についてもっと的確に答えがほしい!
……ヌーメラルカードを活用しましょう(P152)

➡ **27** 質問にぴったり合った占いがしたいです
……自分でスプレッドをつくってみましょう(P168)

➡ **30** 人を占うときに気をつけるべきポイントは?
……「当てよう」と思わないことが大事(P178)

───── **POINT** ─────

タロット習得のためのコツを教えます!

知らなくても占いはできるけれど、知っているとちょっと役立つ、いわばプロの小技というべきものをPOINTとして、本書ではたくさん紹介しています。

リーディングに行き詰まったとき、パラパラとページを開いてみてください。目にとまったものが、ヒントになるかもしれません。実際の鑑定を解説した「Chapter5　実践編」(P183)からのPOINTは読み解きのコツが満載です。

Introduction

タロット占いの基本

カードのあつかいかたや種類、スプレッドといった基本を理解しましょう。

タロットで占うって
どういうこと?

答えを知っているのは
カードではなくあなたなのです

　タロットカードには、様々な神秘的なモチーフが描かれています。そのため、カードには不思議な力が宿っていて、未来やあの人の心をピタリと当ててくれる……そんな魔法の道具のように思っている人もいるかもしれませんね。

　確かに、タロットはびっくりするほどの的中率を見せるときがあります。でも、それはカード自体にパワーが宿っているからではありません。

　実は、あなたがそのカードを見て思ったことが当たっていた、ということなのです。カード＝答えではなく、カードを通じてあなたのなかから出てきたもの＝答え、なのです。

　同じカードでも見る人によって感じかたはいろいろですし、気分によっても異なります。やましい気持ちがあるときに〈悪魔〉を引けば、カードの悪魔はあなた自身に見えるでしょう。なんの不安もないときに引いたなら、自分に魔の手が迫っている、これから魔が差すのかも、などと別の解釈になるはず。タロットは、あなたの心の状態を映し出しているのです。

　ときに人は、どうしていいかわからなくなったり、自分の本心を見失うことがあります。そんなときにカードを引けば、自分自身との対話になるでしょう。同じ考えの堂々巡りになっているときは、別の視点からヒントを与えてくれる、頼れる友だちのような存在になるかもしれません。

　あなたがよりよく生きるために、きっといろいろな場面でタロットが力を貸してくれるでしょう。

タロットで占うとこんなメリットがあります

悩みの答えを
自分で見つけられます

タロットは自問自答することをサポートしてくれるツールです。

引いたカードを見て、「なぜ、このカードが出たんだろう?」と考える。実はこの行為そのものが、答えを見つける糸口。あれこれ考えるうちに「こういうことか!」と、答えがひらめく瞬間がやってくるはず。これを繰り返しているうちに、だんだん悩む時間が短くなっていくのを感じるでしょう。

またカードで占う前の質問づくりの段階で、本当はどうしたいのか、今かなえたいことはなにかをじっくり考えることになります。そのため、自分の意志や願いを明確にするのにも役立つでしょう。

思い込みをやめて
自分の本心が見えます

人間は自分の気持ちがわからなくなることがあるものです。遊びたいと思っていたのに、残した仕事が気になって楽しめずに終わったとします。これは、本心から遊びたいとは思っていなかったということでしょう。失恋して傷ついていると思っていても、まわりの優しさに甘えているだけだったりすることも。

そんなときにタロットは「本当にそう思っている?」と、あなたの真意を確かめてくれるでしょう。カードをめくったときにわいてくる感情に注目してください。ドキッとしたり、ホッとしたり、ザワッとしたり、イラッとしたり。その心の動きが、あなたの本心を教える重要なヒントになっているはずです。

自分の盲点がわかって
新たな視点を得られます

どんなときもポジティブだけれどツメが甘い人、慎重だけど自分を卑下しがちな人、他人の言動を悪くとらえがちな人など、人にはそれぞれに考えかたのクセがあり、視野がせまくなったり盲点が生まれてしまったりするものです。

タロットカードは、いわば78通りの考えかたを示すもの。カードを1枚引くことで、自分とは別の考えかたにふれることができ、自分ひとりでは思いもよらなかった答えを導き出すことができるでしょう。

タロットはあなたの思考の幅を広げ、見えていないものを指摘してくれるツール。ぜひ新たなアイデアがほしいときに活用して。

気軽に話しかけられる
タロットという友人ができます

悩んでいるとき、ひらめきや答えが降りてくるのを長い間待つ必要はありません。なぜなら、タロットを1枚引くだけで、きっかけを得ることができるからです。

なんとなく1枚、「ひょっとして……」と思ったときに1枚、迷ったときの確認として1枚。気軽にカードを引いてみましょう。

悩みがあるときに「これってどう思う?」と尋ねられる友だちが増えたようなイメージで考えてみるといいかもしれません。

しかもその友だちは78人、逆位置も含めると156人にも及び、それぞれの視点からアドバイスをしてくれるのですから、心強いことこのうえありませんね。

タロット習得の
「壁」をこえるには

丸暗記やルールに縛られず
自由にタロットと対話を

　一度はタロットカードを手にしたものの、「当たらない」「ピンとこない」と感じて飽きてしまうケースも多いようです。こうした人たちが先に進むのをはばむ壁とは、いったいなんでしょう？

　それは、カードを引いたら解説書のキーワードを読んで、なんとなくわかった気分になって終わりという流れを繰り返しているからかもしれません。

　しかも、いいカードが出れば喜んで悪いカードが出たら占い自体をなかったことにしていませんか？　この状態では、いつまでも自分なりの読みかたはできるようになりませんし、本当の意味で人生に役立てることはできません。なぐさめか暇つぶしにしかならないでしょう。

　まず、信じる、信じないではなく、悩みの答えを見つけるヒントとしてつかえるかどうかという観点で考えてみて。

　タロットは自分で考えるためのツールです。本にのっているキーワードに縛られず、自由にカードと対話する感覚がつかめれば、たった1枚のカードから、たくさんの情報を得られるでしょう。

　そしてカードを信じてその通りにするのではなく、ヒントをふまえて、どうするかを自分で決めることも大切。よくないカードが出たからと諦めたり、挑戦をやめる口実にするなど、問題から逃げるために占いの結果を利用しないこと。

　主導権はカードではなく、あなたにある。このことを忘れなければ、きっとタロットは力強く後押ししてくれる相棒になってくれるはずです。

タロットを習得するために心がけたいこと

楽な気持ちで
まずは続けることから

どんなものごとにもいえることですが、なにかをマスターするためには、続けることが肝心。まずは「今日の運勢はどうなる?」と1日、1枚引いてみましょう。当たってもはずれても気にしないで。そのうちに「このできごとはあのカードがあらわしていることかも」と思うことが増えてくるはず。その経験値が、深刻な悩みを占うときに生きてきます。しだいに「当たる」ということが、身をもってわかるようになっていくはずです。

義務やノルマのようになってしまうとつらくなるので、「これはどうなるかな?」と気軽に占い、楽しいと思える範囲で継続するのがポイントです。

最初のうちから
はりきりすぎないで

いきなりすべてのカードを覚えようとしたり、高度なスプレッド(P38)に挑戦しても投げ出してしまいがち。特別な日だけに気合いを入れて占うのではなく、日常生活のあらゆることを気軽にタロットで占う、そんなゆるやかなスタンスが継続のカギ。そのために「デイリーワンオラクル」(P48)をぜひ習慣にしてください。「宅配便は何時にくる?」「今出かけたら雨は降る?」「ネット通販でどちらの商品を買うべき?」など、気軽に占ってみましょう。

生活空間の手に取りやすい場所にタロットカードを置いておくと、気になったときにサッと占う習慣ができるのでおすすめです。

カードの意味は
ぼんやりと覚えれば OK

本にのっているキーワードはあくまでも例のひとつ。カードから引き出せる言葉は、無限に存在します。しかもキーワードの丸暗記は、型にハマった解釈しかできなくなる原因になってしまいます。

カードの意味は、覚えるのではなく理解するもの。なんとなくキーワードがわかったら、本は閉じて自分のなかからわき上がってきた言葉を優先しましょう。

これを続けていると、質問に応じて自分なりに意味を応用し、表現するアドリブ力が身につきます。ここまでくると「タロットで占うのが楽しい!」と思えるようになっているはずです。

引いたカードには
意味があると考えて

ときにピンとこないカード、意味不明なカードが出ることもあるでしょう。とくに「こんなカードが出たらいいな」とひそかな期待があるときほど、まったく違うカードが出ると戸惑ってしまうもの。でもそこで投げ出してしまえば、同じことの繰り返し。

「このカードはなにを伝えようとしているのかな?」と、先入観のないフラットな目で眺めてください。引いたカードは、なにかの縁あってあなたの目の前にあらわれています。どんなカードが出てもそこからメッセージを読み取ろうとする姿勢でいるだけで、読めないカードはなくなりますし、読み解き力もグンとアップします。

タロットの基礎知識

自分なりのタロットスタイルを
編み出していきましょう

　タロット占いは、偶然引き当てたカードから、そのときの自分に必要なメッセージを読み解く占いです。占いのなかでは偶然の事象から答えを引き出す「卜占」に属するものです。

　タロットカード自体は、もともとプレイングカードとして、ゲームに用いられていたものでした。そのため、絶対にこうしなければいけないというルールは存在しません。あなたが一番、集中できる状態をつくり出すことが大事なので、自分なりにやりかたを考えてみましょう。しかし、なんのガイドもないと「これで合っているの？」と不安になる人もいるはず。ここではタロットの基礎を私 LUA が実占の場で行っているメソッドを織りまぜて紹介していきます。

カードの種類について知りましょう

大アルカナは
22枚のカード

　大アルカナとは、タイトルのつけられた22枚のカードのこと。〈女帝〉〈司祭〉など人物を象徴するカード、〈正義〉〈節制〉など概念を象徴するカード、〈星〉〈太陽〉など天体をあらわすカード、〈悪魔〉〈運命の車輪〉など架空の存在を描いたカードほか、いろいろな種類があります。

　かつてはカードゲームの切り札として用いられていたそう。タロットのなかでも重要な意味をもっています。

小アルカナは
56枚のカード

　ワンド（棍棒）、ペンタクル（金貨）、ソード（剣）、カップ（聖杯）という4つのスート（記号）があり、それぞれAから10までのヌーメラルカード（数札）、ペイジ、ナイト、クイーン、キングというコートカード（宮廷札）の14枚からなるのが小アルカナです。

　象徴的なテーマが描かれた大アルカナに対し、小アルカナは人間界のワンシーンのような光景が描かれており、より日常的なことを占うのに適しています。

カードはどうつかうの?

占うテーマによって枚数をかえてもOK

タロットカードは大小アルカナあわせて78枚ありますが、必ずしもすべてをつかって占う必要はありません。占うテーマに応じてカードの枚数をかえて占うと、また違った読み解きが生まれてきます。

初心者のうちは、まずは重要な意味合いをもつ22枚の大アルカナからはじめるのがおすすめ。慣れてきたら小アルカナも取り入れてみましょう。占うテーマに応じて、コートカードのみ、あるいは特定のスートのみで占ってみるなど変化をつけるとリーディングの上達が早まります。

正位置・逆位置はどうすればいい?

さかさまに出たカードもヒントを与えてくれます

タロット占いでは、カードが正位置(天地・上下が正しい向き)か、逆位置(天地・上下がさかさまの向き)で出たかによって、意味合いがかわってきます。最初は混乱することも多いため「すべて正位置の意味で読む」と決めておいてもいいでしょう。

ただし逆位置に出たことにも意味があり、正位置で出たときとは違うメッセージを与えてくれることも多いため、慣れてきたら逆位置を読むレッスンもしてみてください。逆位置を解釈できるようになると、タロットのおもしろさがわかってくるはずです。

正位置
カードが天地正しく出た状態です。カードの意味合いがストレートにあらわれていると考えます。

逆位置
カードが天地さかさまに出た状態です。カードの意味になんらかのねじれが出ていると考えます。

カードはどのように引けばいい?

カードをまぜて天地や順番をランダムに

カードをまぜて天地や順番を入れかえる作業を「シャッフル」といいます。円を描くようにまぜる「ラウンドシャッフル」が基本。気持ちを落ち着ける作用もあるので、占うテーマが深刻なときは時間をかけて行いましょう。

ここでは一例としてLUAが実際に鑑定で行っている、シャッフルからスプレッドに展開するまでの流れをご紹介します。

1 まずはテーブルでシャッフルを行う

こじんまりと遠慮がちにではなく、できるだけ大きく広げてまぜることを意識します。すると、占う場の空気ができてきます。

2 ひとつにまとめ3つの山にわける

シャッフルしたカードをひとつの山にまとめたあと、3つ(自分の好きな数でOK)にわけて、好きな順でひとつの山に戻します。

3 対面鑑定の場合は相手にも行ってもらう

自分以外を占う場合は、相手にも2のプロセスを行ってもらいます。人によってわける数も戻しかたも様々なのがおもしろいところです。

4 カードの天地を決める

天地を決める際は天と地、それぞれに手をかざして、ピンときたほうを天にすると決めています。

5 7枚目から展開する

いちばん上と下のカードは見えることがあるので、7枚目から(自分の好きな数でOK)展開します。最初の6枚は山の下に戻します。

6 めくりながら配置していく

私の場合、カードをめくりながらスプレッドに配置していきます。そのほうが全体を物語として把握しやすいためです。

Introduction タロット占いの基本

シャッフルするときは?

状況に応じて回転の力を借りましょう

シャッフルをする際、右まわりの回転には「念を集中させる」作用が、左まわりの回転には「念を飛ばす」作用があります。

同じテーマをスプレッドをかえて占う場合は右まわりにすることでより念を込めることができます。占うテーマをかえるときや、別の人を占う前は、はじめに左まわりでシャッフルすると、カードに残った前のエネルギーをリセットすることができます。状況に応じてつかいわけるといいでしょう。

ラウンドシャッフルは、意外と表面をなでるだけになっていることも。1枚1枚にふれるようにすることで、カードをまんべんなくまぜることができます。

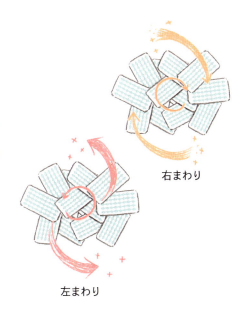

右まわり

左まわり

天地の決めかたは?

逆位置を採用する際のシャッフルのポイント

逆位置を採用して占う場合、ラウンドシャッフルをしてひとつの山にまとめた際に、どちら側を天にするか決めておきます。

カードをめくるときは、天地がわからなくなってしまうので、上下ではなく、左右にめくるように気をつけましょう。

ラウンドシャッフルをするための十分なスペースがなければトランプを切るときと同じまぜかたでかまいません。その場合、カードの天地があまりまざらなくなってしまうため、事前にカードの束を2組にわけてはじきながらひとつにまぜる「リフルシャッフル」を、カードの向きをかえて何度か行っておくといいでしょう。

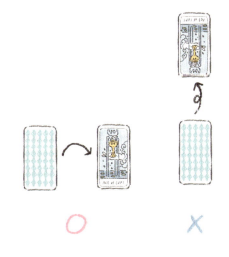

― 21 ―

基本となるのが
大アルカナ22枚

たくさんの意味が込められた
魅力あふれる寓意画です

　大アルカナ（Major Arcana）は、タロットのなかでも重要な意味をもっている22枚のカードのことです。それぞれ0〜21までの番号と〈魔術師〉〈戦車〉〈正義〉などの名前がつけられています。

　ここに描かれているのは、22通りの「考えかた」です。

　たとえば〈愚者〉のカードは「自由」を意味します。身軽な装備で気ままに歩く姿、手にした花、太陽、ただし一寸先は崖で、足元の犬がそのことを忠告している……というように「自由を謳歌する楽しさ」と同時に「先の読めない不安定さ」をあらわしています。

　なかには〈死〉や〈悪魔〉、〈塔〉のように、おそろしい絵柄のカードもありますが、出たら悪いことが起きるというわけではありません。〈死〉のカードは、屍が横たわる戦場、死神、遠くにのぼる太陽といったモチーフにより「ものごとの終わりとはじまり」という考えかたをあらわしているにすぎないのです。そう考えると、なにひとつ怖いことはないとわかるはず。

　いきなり78枚も覚えられないという人は、まずは基本となる大アルカナ22枚をマスターすることを目標にしましょう。とにかく実際に占いを重ねながら覚えていくのもいいですが、まずは1枚ずつ、絵柄をじっくり見ながら、なにを意図しているカードなのか自分なりにイメージしてみてください。そのほうが記憶に残りやすくなり、占う回数が増えるごとに意味が明確になってきます。

　カードの順番が覚えられないという人は、占い終えるごとに順番通りに戻して箱にしまう習慣をつけるのがおすすめです。カードの紛失防止にもなります。

Introduction タロット占いの基本

0 愚者 THE FOOL

KEYWORD
自由

フラフラと自由気ままに歩く旅人。しかしその足元は崖っぷちです。〈愚者〉は、自由とゼロから広がる無限の可能性をあらわします。よくも悪くもなるようになると楽観的な状態を暗示します。

正位置 なにがどうなるかわからない

気取らず自然体で／新しい出会い／軽いノリ／損得勘定のない純粋さ／抽象的／フリーランス／ひらめき／大ざっぱ／自由で縛られない／空白／どうでもよい

逆位置 決まっていないがゆえに翻弄される

無計画さ／遊びの恋／その日暮らし／いい加減／現実逃避／期待はずれの結果／決断力のなさ／先が見えない／無責任な態度で信頼を失う／人に流される

1 魔術師 THE MAGICIAN

KEYWORD
創造力

ワンド（棍棒）、ペンタクル（金貨）、ソード（剣）、カップ（聖杯）という宇宙の4要素と、魔法の杖を掲げる〈魔術師〉。彼が4要素を操り、あらゆるものを生み出すことから、創造や可能性を暗示。

正位置 みずから行動してはじめる

すてきな恋のはじまり／才能を発揮できる仕事／すべての準備が整う／アイデア／器用な人／頭の回転の速さ／クリエイティブ／自信をもつ／有利な交渉ごと

逆位置 いい思いだけしようとする

迷い／奇をてらった行動／都合のいい恋人／準備不足／才能が生かせない／だまされる／その場しのぎ／不器用／消極的になる／思い通りに進まない／お手上げ

2 女司祭 THE HIGH PRIESTESS

KEYWORD
精神性

聖典を手にした、清廉で聡明な〈女司祭〉。白と黒の柱は光と闇、男と女、生と死などの相反するふたつの要素を暗示。このカードは豊かな知性や、理想に対するストイックな態度をあらわします。

正位置 知性と理性で見つめる

まじめなおつきあい／高嶺の花／プラトニックラブ／誠心誠意／勤勉／まじめ／繊細な心／理性的な判断／スリム／強く憧れる気持ち／甘えず自立する／清潔

逆位置 見たいものだけを見ようとしている

神経質な人／嫉妬する／ストレスでピリピリする／能力不足／未熟／完璧主義／知ったかぶり／潔癖／気に入らない人を排除する／時代遅れ／情緒不安定／偏見

3 女帝 THE EMPRESS

KEYWORD
愛

豊かな自然に囲まれて座る〈女帝〉。ふくよかな体にゆったりとした服をまとう彼女は、新たな命を身ごもっているともいわれ、実りを暗示。盾に描かれた金星の記号は、愛や美、女性性を意味します。

正位置 豊かな実りを存分に享受する

女性らしい魅力／愛し愛される関係／母性的／妊娠／余裕がある／利益を出す／快適な職場環境／リラックス／ぜいたくさ／見返りを求めない愛／成熟する

逆位置 過剰な恵みにうんざりしている

だらしなさ／肉体関係／浮気／共依存／ふしだら／女というより母親的存在／お金にならない仕事／なまけ心／得るものがない／遅刻する／太る／過保護

4 皇帝 THE EMPEROR

KEYWORD **社会**

玉座に座る〈皇帝〉は、男性性と社会的に認められた権力をあらわします。彼がまとう甲冑は、争いに勝ち抜いた証拠でしょう。玉座の牡羊のシンボルは、占星術の牡羊座に対応し、闘争心や野心を暗示。

正位置 継続的な安定を得る

結婚前提のつきあい／責任感のある人／リーダーシップ／やり手／地位と財産を手に入れる／信頼関係／固い友情で結ばれる／自信／たくましい／マニッシュ

逆位置 力によってまにあわせの安定を得る

打算的な恋／結婚をためらう／先が見えない／強がり／現実を見すぎる／飽きる／地位を追われる／支持されないリーダー／高圧的／人の意見を受け入れるべき

5 司祭 THE HIEROPHANT

KEYWORD **モラル**

ふたりの神父に道徳や生きる道を説き、祝福する〈司祭〉。皇帝が社会の指導者なら、彼は心の指導者であり、人々に秩序を示す存在です。モラルやしきたりがどう占いの結果に影響するかに注目を。

正位置 モラルの元に信頼やきずなを結ぶ

心のよりどころになる恋／祝福される結婚／信頼関係／法律／師匠的存在／精神的きずな／倫理観が合う／カリスマ／冠婚葬祭／伝統／マナー／穏やかな雰囲気

逆位置 モラルに反し信頼やきずなを利用する

秘めた欲望／色気を武器にする／信頼を失う／自分の安売り／好意を利用する／価値観が合わない／不道徳／ずるをする／おいしい話に乗らないで／疑い／偽善

6 恋人 THE LOVERS

KEYWORD **心地よさ**

エデンの園で天使に祝福を受ける男女。裸は純粋な心のあらわれで、楽園は心地よさや快楽を暗示。ただし、誘惑の蛇と禁断の果実が描かれていることから、「行動を選択する」という意味合いも。

正位置 夢心地で幸福を感じる

恋に落ちる／夢中になれる恋／夢見心地／楽しい仕事／パートナーシップ／交渉成立／会話が盛り上がる／カジュアル／遊び心／純粋な気持ち／邪魔が入らない

逆位置 今さえよければと流される

三角関係／軽い恋／愛のないつきあい／集中できない環境／息が合わない／うわついている／誘惑に負ける／後先考えずに楽しむ／ドタキャン／いい加減な態度

7 戦車 THE CHARIOT

KEYWORD **エネルギー**

〈戦車〉に乗った血気盛んな戦士。2頭のスフィンクスはそれぞれ異なる衝動の象徴。戦士は意志の力で2頭をコントロールするのです。迷いなくスピーディーに挑めば前進できると示しています。

正位置 果敢にものごとに挑んでいく

猛烈なアプローチ／一気に展開する／障害に打ち勝つ／勢いに乗っている／意見が通る／ライバルに勝つ／行動的／ノリが合う／勇気／移動／旅行／パワフル

逆位置 自己抑制ができない

ケンカが絶えない／短気な人／ライバルに負ける／気持ちが暴走する／企画倒れ／激しい衝突／苦戦を強いられる／路線変更して／調子に乗る／疲労／遅れる

8 力 STRENGTH

KEYWORD
本質的な力

華奢な女性が優しくライオンを手なずけています。女性の頭上にある∞（インフィニティ）マークは無限の愛を意味します。このカードは、愛は腕力や権力よりも強いことをあらわしています。

正位置 困難を乗りこえる

時間をかけて結ばれる恋／相手の警戒心を解く／慎重な判断が必要／最後まで努力する／敵を味方にする／大器晩成／逆境を味方にする／力加減／協力／信頼

逆位置 耐えかねてものごとを投げ出す

顔色をうかがうつきあい／手に負えない恋／媚びる／投げ出したい／達成を目前に諦める／わがままな人／逃げ腰になる／問題に正面から向き合いたくない

9 隠者 THE HERMIT

KEYWORD
探求

ローブをまとい、ランタンを掲げる〈隠者〉。彼は俗世を離れて、内面世界や過去と向き合う存在です。六芒星が輝くランタンは真理へ導く光であり、内省が生きるヒントになることを示しています。

正位置 理想を追い求める

胸に秘める恋／年上の相手／部下を率いる／専門職／精神的に満足できる仕事／相談相手／マニアック／学びのとき／ひとりの時間／現状維持／過去にヒントが

逆位置 現実から目を背けている

妄想の恋／昔の恋にしがみつく／社会不適合／無職／内向的／過去の栄光／みずから孤独になる／心を閉ざす／過剰なこだわり／過去へのリベンジ／気難しい

10 運命の車輪 WHEEL of FORTUNE

KEYWORD
宿命

車輪は運命を象徴。さらに、時間を司るスフィンクス、吉凶をあらわす神アヌビスと蛇が描かれ、四隅には火地風水のエレメントに対応する聖獣が。避けられない運命の訪れを示すカードです。

正位置 運命の流れに乗って好転する

ひと目惚れ／結婚／チャンスをつかむ／勘が冴える／絶好調／臨機応変に対応できる／自分の直感に従って／初対面で意気投合／ソウルメイト／興味を引く

逆位置 運命のいたずらに翻弄される

短期間の恋／間の悪さ／好機を逃す／努力が空まわり／ツイてない／不向きな仕事／違和感／運が下がる／形成が不利になる／時代遅れ／つまらない／場違い

11 正義 JUSTICE

KEYWORD
バランス

〈正義〉のカードには、女性の裁判官が描かれています。彼女がもつ天秤と、裁きの剣は公正さのシンボル。「感情」をあらわす女性を中性的に描くことで、感情ではなく客観性を暗示しているのです。

正位置 感情をはさまない冷静な対応

対等な恋人関係／つり合う相手／正当な報酬／ワークライフバランス／ビジネスライク／平等／引き分け／好きでも嫌いでもない／裁き／感情に流されない

逆位置 感情に左右される不合理な対応

打算的な恋／とりあえずキープする／つり合わない相手／報酬と待遇に対する不満／不公平な職場／都合よく考える／やましさ／アンバランスな関係／罪悪感

12 THE HANGED MAN 吊るし人

KEYWORD
静止

木に逆さ吊りにされた男性。しかしその表情は穏やかで頭には後光が輝いています。このカードは、思い通りにならないときこそ、内省や現状把握ができ、悟ることがあると暗示しているのです。

正位置 現状に向き合って静かに考える

恋の停滞／尽くす恋／働きすぎ／孤独な立場になる／ひたすら耐える／自己犠牲／ストイック／非力さを実感する／心身の疲労／時間が解決するのを待つ

逆位置 現状を受け入れられずにもがく

苦しみを伴う恋／泥沼状態／見返りを求めて働く／抵抗しても状況がかわらない／自分のことしか考えていない／焦って失敗する／そっとしておくのが賢明

13 DEATH 死

KEYWORD
さだめ

白馬に乗った死神。一見おそろしい光景ですが、遠くに太陽が輝いており、〈死〉は同時に生のはじまりであるということを暗示。このカードは、環境や人間関係が一新されることを示しています。

正位置 新しいステージに進む

ドライな相手／新たな恋のはじまり／別れ／転職や移動／失業／新しい環境／合理的な思考／執着を捨てる／引っ越し／心をリセットする／人生が切りかわる

逆位置 過去に縛られ先に進めない

諦めきれない恋／もどかしい片思い／復縁／再就職／リストラ／くされ縁／しぶとい／再挑戦／同じことを繰り返す／変化に対応できない／過去を断ち切れない

14 TEMPERANCE 節制

KEYWORD
反応

天使がふたつのカップを手にして水を器用にまぜています。このカードはコミュニケーションを意味し、人と人との感情がどう交わるかによって、生まれる結果も異なることをあらわしています。

正位置 新しいものを受け入れる

相性のいい恋人／ディスカッション／仕事仲間との会話／異業種交流会／理解し合える関係／人と交わる／多くの人の意見を聞く／効果のある治療／折衷案

逆位置 異質なものを受け入れない

一方通行の恋／恋が進展しない／協調性がない／ひとりで仕事を抱え込む／心を閉ざす／人の話を聞かない／人見知り／会話不足／効果がない／交通トラブル

15 THE DEVIL 悪魔

KEYWORD
呪縛

〈悪魔〉に鎖でとらえられた裸の男女。鎖はゆるいのですが、逃げるそぶりはありません。ふたりが裸なのは、欲望に忠実であることのあらわれ。このカードは快楽に溺れる心を意味しています。

正位置 心のなかの悪魔に負ける

浮気／嫉妬／恋愛依存／ＤＶ／仕事を辞められない／自分に嘘をついて働く／甘え／悪友／悪い習慣が身につく／欲が尽きない／自律できない／醜い／非常識

逆位置 心のなかの悪魔と戦う

束縛される恋から脱する／くされ縁の解消／心を改める／待遇の改善を求める／健全な人間関係／コンプレックスと向き合う／恐怖に勝つ努力／生まれかわる

16 塔
THE TOWER

KEYWORD
破壊

落雷で崩壊する〈塔〉から、人と王冠が落下しています。このカードは、破壊や衝撃的なできごとを暗示します。しかし、この衝撃によって、新たな価値観を得たり、心がスッキリとするという側面も。

正位置 突然に見舞われるショック

大胆なアプローチ／電撃結婚／大胆な改革／倒産／職場環境ががらりとかわる／予想外のトラブル／感情を爆発させる／常識破り／アクシデント／個性的／事故

逆位置 あとからじわじわとくるショック

別れを意識しだす／ボロが出る／かわるべきなのにかわれない／一触即発／我慢の限界／九死に一生を得る／老朽化／トラウマ／長引く苦しみ／はりつめた雰囲気

17 星
THE STAR

KEYWORD
希望

大きく輝く星と7つの星の下で、裸の乙女が壺から海へと水を注いでいます。〈星〉は目指すべき方角を示すシンボル。裸の乙女は純粋な心と可能性の象徴です。順調に理想に向かっていることを暗示。

正位置 明るい未来につながる

期待が芽生える／脈あり／理想の恋人／輝いた仕事／期待の星になる／思いがけない幸運／軌道に乗る／プラス思考／ひらめき／見つける／お酒／薬が効く

逆位置 なにも実らず流れてしまう

高すぎる恋の理想／悲観／希望が失望にかわる／無駄な努力／不採用／延期や中止／目標を失う／無駄話が多い／過去を洗い流して／無気力／理想論／不純

18 月
THE MOON

KEYWORD
神秘

満ち欠けする〈月〉は、あいまいさや不安定さの象徴。水からはい出るザリガニは浮上する不安を暗示。犬と狼は不穏な空気を感じて吠えています。白黒がはっきりしない神秘性をもつカードです。

正位置 幻想を通して現実を見る

偽りの恋／移ろいやすい心／ずさんな仕事／不透明／誤解を招く／漠然とモヤモヤする／腹の探り合い／素の自分を隠している／見つからない／ロマンティック

逆位置 少しずつ現実が見えてくる

偽りに気づく／隠したい関係がバレる／幻滅／状況が把握できる／我に返る／具体化する／霧が晴れてくる／本心を話す／病気が治る／現実を見るとき／夜明け

19 太陽
THE SUN

KEYWORD
喜び

光り輝く〈太陽〉と、馬に乗った裸の子ども。隠しごとのない、すべてが照らし出された光景です。太陽は生命力、子どもは未来の可能性をあらわし、未来の喜ばしい成功を暗示するカードです。

正位置 努力の成果を得る

健全な恋愛／公認カップル／素直な態度／成功を収める／日の目を見る／出世／表裏のない態度／元気をもらえる人／自分らしさを発揮／熱意／健康／子ども

逆位置 日の目を見られない

素直に喜べない恋／告白できない／悪目立ち／成功の実感がわかない／見返りが少ない／心から笑えない／かげりがある／自分を出せない／体力不足／不健康

20 審判 JUDGEMENT

KEYWORD
解放

天使がラッパを吹き、棺に眠っていた死者をよみがえらせています。一度終わったと思っていた過去が復活し、人生のチャンスになることを暗示。長い間蓄えていたものを解放するという意味も。

正位置　瞬時にチャンスをつかむ

運命を確信する恋／告白／復縁／再挑戦するチャンス／長い間あたためてきた計画を実行するとき／英断／決着をつける／思い出す／回復／重荷から解放される

逆位置　先送りでそのまま凍結

心残り／再会できない／実らない恋／準備不足／チャンスを逃す／幸運に臆病になる／決断を先送りにする／過去に縛られる／手遅れ／忘れる／見つからない

21 世界 THE WORLD

KEYWORD
完成

リースの中央で、裸で踊るダンサー。両手のワンドは統合を、リースは〈世界〉のはじまりを暗示します。四隅には4つのエレメントを司る聖獣が。必要なものすべてがそろい、完成したことを意味します。

正位置　目標を成し得て満足する

両思い／幸せな結婚／天職／達成感を味わう／さらに上を目指したくなる／長いつきあい／いい仲間／味方／最高の自己肯定感／勝利する／すべてを理解する

逆位置　不満足な結果で撤退する

恋人のありがたみを忘れる／マンネリ化した恋／慢心する／ツメが甘い／不完全燃焼／未完成の仕事／これ以上進展がない／疎遠になる／不満が残る／現状維持

POINT

カードの種類によって順番が異なるのはなぜ?

今、世界にタロットカードは数千種類以上流通しているといいます。

もっとも古いデッキといわれるマルセイユ版は、赤・青・黄の3色のみで構成された木版画で、小アルカナはトランプのようにスートの個数で数をあらわしていました。

19世紀に制作されたウエイト版（もしくはライダー版）は、神秘学的なモチーフがあちこちに盛り込まれ、人間の表情も豊かになりました。小アルカナも、カードの意味合いをふまえた寓意画になり、絵からイメージを広げやすく、ベーシックなデザインといえるでしょう。

マルセイユ版とウエイト版では、絵柄以外にもカードの順番が異なっています。ほかにも名称や順番が異なるタロットがたくさんあります。とはいえ、どれが正解ということはありません。そのカードからなにを感じるかが大切。神経質になりすぎず、それぞれのタロットの世界を楽しみながら占いましょう。

マルセイユ版

当初は占い用ではなく、ゲーム用のカードだったともいわれているタロット。古典的なマルセイユ版では大アルカナが「8 正義」「11 力」の順になっています。

8 正義

11 力

ウエイト版

当時、秘密結社・黄金の夜明け団の一員だったアーサー・エドワード・ウエイトが、「8 力」「11 正義」に順をかえましたが、その理由は明かされていません。

8 力

11 正義

より細かい意味をもたらすのが
小アルカナ56枚

より人の生活に身近な
シチュエーションを描いています

　小アルカナ（Minor Arcana）は、ワンド（棍棒）・ペンタクル（金貨）・ソード（剣）・カップ（聖杯）という4つのスート（P70）各14枚ずつで構成された、56枚のカードです。

　スートは万物を構成する4つのエレメント（要素）、火・地・風・水に対応し、これらは人間が行動を起こす「4つの動機」をあらわしているといわれています。

　火＝ワンド（棍棒）は夢や目標を達成したい、地＝ペンタクル（金貨）はものやお金を得たい、風＝ソード（剣）はなにかを学んで習得したい、水＝カップ（聖杯）は心あたたまる愛を手に入れたい、という動機です。

　〈正義〉や〈太陽〉のように、壮大な意味合いをもつカードが多い大アルカナに対し、小アルカナに描かれているのは、より日常的な光景であることに気づくはず。

　コツコツ仕事をしたり、ぼんやりとたたずんだり、誰かと話したり……。表情も喜怒哀楽が豊かなうえ、笑み、嘆きなど、より人間らしく描かれています。

　実際に、小アルカナは現実的な事柄や日常的な悩みを占うのに向いているともいわれています。本にたとえるなら、大アルカナは物語の節目となる大きな章の切りかわりにあたり、そのなかの細かい項目が小アルカナといえるでしょう。

　「ここにこんなモチーフが描かれていたなんて！」と発見が多いのが、小アルカナの特徴。出たカードはぜひ、細かいところまでじっくり眺めて。きっと愛着が増していくでしょう。

ワンド（棍棒）
WAND

エレメント
火

ワンド（棍棒）は火を灯したり、武器にしたりと人が生きるうえで重要な可能性を秘めたアイテム。このスートは火のエレメントに対応し生命力や情熱、闘争心などをあらわします。ワンドの向きや重なりかたにも注目を。

ワンドのA
ACE of WANDS

KEYWORD 生命力

ワンドが司る生命力や情熱がもっとも純粋にあらわれています。ひらめきや出会いなども暗示。

`正位置` 新たな挑戦がはじまる

`逆位置` ひとつの挑戦が終わる

ワンドの2
TWO of WANDS

KEYWORD 到達

野心あふれる成功者が描かれています。ハングリー精神や、成功、向上心をあらわしています。

`正位置` 目標に到達して自信にあふれている

`逆位置` 達成したことを失いそうになっている

ワンドの3
THREE of WANDS

KEYWORD 模索

行動に出るタイミングをはかる男性の姿が。次の段階へ進むことや、チャンスを暗示しています。

`正位置` 挑戦の機会をうかがう

`逆位置` 期待が肩透かしのまま終わる

ワンドの4
FOUR of WANDS

KEYWORD 歓喜

華やかに飾られたワンドと花束をふる幸せそうな人々。心身が満たされた状態をあらわします。

`正位置` 心からの喜びを得る

`逆位置` 現状のなかに喜びを探す

ワンドの5
FIVE of WANDS

KEYWORD 勝利

ワンドをぶつけて戦う人たち。自身の成長につながる戦いや、よきライバルの存在を示すカードです。

`正位置` 切磋琢磨しながら奮闘する

`逆位置` 相手を打ち負かす

ワンドの6
SIX of WANDS

KEYWORD 称賛

馬にまたがり凱旋する男性は、勝利や栄光をあらわします。吉報の訪れや優越感を得るという意味も。

`正位置` ほめたたえられ、自分を誇らしく思う

`逆位置` 理不尽な結果に不満を抱いている

ワンドの7
SEVEN of WANDS

KEYWORD 奮闘

崖の上で有利に戦う男性は、勝負の主導権を握ることを暗示。追い風が吹いている状態です。

- 正位置 有利な立場から勝ち取る
- 逆位置 不利な状況で苦戦を強いられる

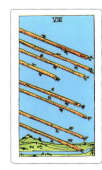

ワンドの8
EIGHT of WANDS

KEYWORD 急展開

空を突き進む8本のワンドはパワーとスピードの象徴。スムーズな展開や勢いをあらわします。

- 正位置 めまぐるしい速度で進み出す
- 逆位置 思わぬところで行き詰まる

ワンドの9
NINE of WANDS

KEYWORD そなえ

警戒する男性の姿は、守りに入った状態を示しています。準備や用心深さをあらわすカードです。

- 正位置 臨機応変に動く準備をする
- 逆位置 慢心して痛手を負う

ワンドの10
TEN of WANDS

KEYWORD 重圧

10本のワンドを抱える様子は心理的なプレッシャーや、ひとりで抱え込む状態、苦労を暗示。

- 正位置 自分が選んだ重荷で手いっぱいに
- 逆位置 強いられているものを手放す

ワンドのペイジ
PAGE of WANDS

KEYWORD 伝令

未来を見つめる少年は新しいことへの純粋な熱意の象徴です。順調なスタートも意味します。

- 正位置 未来を確信して熱意を燃やす
- 逆位置 いい気になってうそぶく

ワンドのナイト
KNIGHT of WANDS

KEYWORD 出発

馬に乗る活発そうな青年。新しいことへの強い意欲と衝動の暗示。大胆さ、勇敢さもあらわします。

- 正位置 新天地に向かって旅立つ
- 逆位置 心が変化に追いつかない

ワンドのクイーン
QUEEN of WANDS

KEYWORD 魅力

ワンドとヒマワリを手にした女王は、情熱と魅力の象徴。器の大きい心や人望もあらわします。

- 正位置 まわりの誰もが引き寄せられる
- 逆位置 マイペースさが誤解を生む

ワンドのキング
KING of WANDS

KEYWORD 剛胆

ワンドをもつ王は強いパワーとリーダーシップのあらわれ。目標を達成する情熱を意味します。

- 正位置 信念でことを成しとげる
- 逆位置 強引にものごとをコントロールする

ペンタクル（金貨）
PENTACLE

エレメント **地**

ペンタクル（金貨）は、様々な価値と交換できる豊かさのシンボル。
地のエレメントに対応するスートなので、物質や社会的地位をあらわします。
お金や人のポジションがどのように状況に影響しているかがわかります。

ペンタクルのA（エース）
ACE of PENTACLES

KEYWORD 実力

神の手に乗せられたペンタクル。努力や実力の上に成り立つ成功や豊かさをあらわすカードです。

`正位置` 力を発揮して豊かさを手に入れる

`逆位置` 利益を優先してしまい努力が水の泡に

ペンタクルの2
TWO of PENTACLES

KEYWORD 柔軟性

ペンタクルを器用に操る曲芸師は、臨機応変に対応する要領のよさや柔軟性を意味しています。

`正位置` 状況を把握し正しい行動を起こす

`逆位置` 状況に対応できず四苦八苦している

ペンタクルの3
THREE of PENTACLES

KEYWORD 技術力

実力を認められた彫刻家の絵柄が意味するのは、チャンスの訪れ。才能が日の目を見ることも。

`正位置` 培ってきた力が評価される

`逆位置` もっている力が評価されない

ペンタクルの4
FOUR of PENTACLES

KEYWORD 所有欲

中央の守銭奴は、執着心や堅実さをあらわします。慎重ゆえに変化をおそれる状態ともいえます。

`正位置` 手堅い利益を優先する

`逆位置` 強欲になり自分を見失う

ペンタクルの5
FIVE of PENTACLES

KEYWORD 困難

貧しい男女があらわすのは、ものと心、両方の欠乏です。苦しみを味わい心を閉ざしてしまう暗示。

`正位置` 苦しい状況で精神的に荒廃する

`逆位置` 救いによって希望をとり戻す

ペンタクルの6
SIX of PENTACLES

KEYWORD 関係性

施しをする人と受ける人の関係が描かれています。人の力関係や、親切心をあらわすカードです。

`正位置` 善意を差し出す人と受けとる人の関係

`逆位置` 支配する人と支配される人の関係

ペンタクルの7
SEVEN of PENTACLES

KEYWORD **成長**

収穫したペンタクルを不満げに見つめる男性は、現状への反省を暗示。これも成長に必要な段階です。

`正位置` 問題を改善して次のステップへ

`逆位置` 不安を抱えながら漫然と過ごす

ペンタクルの8
EIGHT of PENTACLES

KEYWORD **修行**

ペンタクルをつくる職人の姿。集中力や地道な努力をあらわします。技術やこだわりなども暗示。

`正位置` 目の前のことに集中して取り組む

`逆位置` 目の前のことに集中できない

ペンタクルの9
NINE of PENTACLES

KEYWORD **達成**

高貴な身分の女性が意味するのは、魅力と才能によって成功すること。高い地位を得られることも暗示。

`正位置` 引き立てられて成功する

`逆位置` 嘘や偽りで成功をねらう

ペンタクルの10
TEN of PENTACLES

KEYWORD **継承**

三世代の家族は、継承を意味します。引き継いだものがなにをもたらすかで未来がかわることを暗示。

`正位置` 受け継いだもので繁栄し安定する

`逆位置` 受け継がれたものが限界を迎える

ペンタクルのペイジ
PAGE of PENTACLES

KEYWORD **真摯**

ペンタクルを掲げる少年はものごとへの真剣な姿勢を意味します。時間をかけるていねいさも暗示。

`正位置` 時間をかけて積み重ねる

`逆位置` 時間ばかりを費やしている

ペンタクルのナイト
KNIGHT of PENTACLES

KEYWORD **現実性**

どっしりとした馬に乗った騎士。堅実さと忍耐力を武器に目標を達成することを示しています。

`正位置` 最後までやりとげる

`逆位置` 現状維持に終わる

ペンタクルのクイーン
QUEEN of PENTACLES

KEYWORD **寛容**

穏やかな表情の女王は、懐の深さを暗示。人に尽くすことで自分も豊かになると教えています。

`正位置` 育てることでみずからも成長する

`逆位置` 甘やかしで互いにダメになる

ペンタクルのキング
KING of PENTACLES

KEYWORD **貢献**

ペンタクルをもつ王は、お金や知識、人脈などのもてる財産を人のためにつかうことを意味します。

`正位置` 自分の力を役立てようとする

`逆位置` 自分の力を生かしきれていない

ソード（剣）
SWORD

> エレメント
> **風**

ソード（剣）は人間の知恵や技術から生まれた道具。風のエレメントに対応し、知性や言葉をあらわします。ソードは人を傷つけるものでもあります。知性もつかいようによっては刃となることを示しているのです。

ソードのA
ACE of SWORDS

KEYWORD 開拓

勝利の王冠がかかったソード。知識や精神力で新しい世界を切り開くことをあらわします。

- 正位置　切り開いて成しとげる
- 逆位置　強引さで破滅を招く

ソードの2
TWO of SWORDS

KEYWORD 葛藤

斜めになったソードは迷った結果の現状維持を示します。問題の先送りをあらわすことも。

- 正位置　穏やかな心で調和を保つ
- 逆位置　その場しのぎで行き詰まる

ソードの3
THREE of SWORDS

KEYWORD 痛み

心を象徴するハートに突き刺さる3本のソード。悲しみや、心が痛むようなできごとを暗示。

- 正位置　ものごとの核心を受け入れる
- 逆位置　真実を拒絶しもがき苦しむ

ソードの4
FOUR of SWORDS

KEYWORD 回復

横たわった騎士の彫像。疲労や休養、一時的な停滞を暗示。逆位置では回復を意味します。

- 正位置　静かに休み態勢を整える
- 逆位置　準備が整い再び動き出す

ソードの5
FIVE of SWORDS

KEYWORD 混乱

戦いに勝利しにやりと笑う男と入り乱れたソード。ずるがしこさや強奪、混乱を示すカードです。

- 正位置　手段を選ばず強奪する
- 逆位置　大切なものを奪われる

ソードの6
SIX of SWORDS

KEYWORD 途上

船に乗る人たち。行く先の波は穏やかです。苦境を乗りこえることや、旅などの移動を暗示。

- 正位置　困難な状況から脱出する
- 逆位置　かつての苦境に逆戻りする

ソードの7
SEVEN of SWORDS

KEYWORD 裏切り

ソードを盗む男性は、不正や裏切りなどを示しています。悪意に対する警戒を意味することも。

`正位置` コソコソと裏で画策する

`逆位置` 危険を察し万全にそなえる

ソードの8
EIGHT of SWORDS

KEYWORD 忍耐

目隠しをされ、拘束された女性が示すのは苦難を耐え忍ぶこと。孤独感や思い込み、被害者意識も暗示。

`正位置` 苦しい状況で助けを待っている

`逆位置` 助けのない状況で暴れている

ソードの9
NINE of SWORDS

KEYWORD 苦悶

嘆く女性の姿は悲しみや不安、罪悪感を暗示。悪いように考えすぎてまわりが見えない状態です。

`正位置` 取り返しがつかずに絶望する

`逆位置` 悪い状況に向き合おうとしない

ソードの10
TEN of SWORDS

KEYWORD 岐路

ソードで刺された男性。自分の弱さ、マイナス面を受け入れてこそ、次に進めることを意味します。

`正位置` すべて受け入れて前進する

`逆位置` 都合のいいことだけを見ている

ソードのペイジ
PAGE of SWORDS

KEYWORD 警戒

ソードを構えた少年。目つきは鋭く、警戒心をあらわしています。危機意識や慎重さを暗示。

`正位置` 状況を見極め慎重になっている

`逆位置` いまひとつ脇が甘い

ソードのナイト
KNIGHT of SWORDS

KEYWORD 果敢

騎士が馬に乗り勢いよく前進しています。迷いなく合理的に目標達成することをあらわします。

`正位置` 理路整然と決断して進む

`逆位置` 不毛な争いを招く

ソードのクイーン
QUEEN of SWORDS

KEYWORD 的確さ

ソードをまっすぐ天に向ける女王。核心をとらえる鋭い知性と、優しさをあわせもつことを示します。

`正位置` 正しい言動で一目置かれる

`逆位置` 自己防衛のための武装

ソードのキング
KING of SWORDS

KEYWORD 厳格さ

王がもつソードは厳しさのあらわれ。感情に流されることなく、冷静な判断を下すことを暗示。

`正位置` 客観的な分析で判断する

`逆位置` 独裁的に威厳を守る

カップ（聖杯）
CUP

エレメント
水

　カップ（聖杯）は液体を入れる器であると同時に、儀式で用いられる聖なるアイテムでもあります。エレメントは水に対応。自在に形をかえる水は人の心の象徴です。カップのなかに描かれたものもカードを読み解くカギに。

カップのA
ACE of CUPS

KEYWORD 愛する力

　神の手に乗るカップ。なかからあふれ出る水は愛をあらわします。精神的な喜びや希望を暗示。

[正位置] 愛と希望にあふれる
[逆位置] 喪失感で空っぽになる

カップの2
TWO of CUPS

KEYWORD 相互理解

　感情をあらわすカップを差し出し合う男女。心が通い合い、信頼が生まれることをあらわします。

[正位置] いい信頼関係を築く
[逆位置] 心がかたく閉ざされていく

カップの3
THREE of CUPS

KEYWORD 共感

　3人の女性が豊穣を祝っています。仲間との行動や、人と喜びを共有することを意味します。

[正位置] 仲間とともに喜び祝う
[逆位置] 怠惰な楽しみにひたる

カップの4
FOUR of CUPS

KEYWORD 倦怠

　退屈そうに座る男性。飽きや現状への不満など、モヤモヤとくすぶった感情をあらわします。

[正位置] 不満を抱えて思い悩む
[逆位置] 不満への打開策を見いだす

カップの5
FIVE of CUPS

KEYWORD 喪失

　倒れたカップは喪失の象徴。しかし、まだふたつのカップがあり、希望があることを告げています。

[正位置] 失った悲しみで後悔に暮れる
[逆位置] 新たな局面に向け再起する

カップの6
SIX of CUPS

KEYWORD 心の浄化

　子どもは過去の記憶を暗示。ノスタルジーや、過去に問題解決のカギがあることを意味します。

[正位置] 懐かしさが胸を満たす
[逆位置] 過去の記憶を引きずる

カップの7
SEVEN of CUPS

KEYWORD 夢

雲の上にあるカップは、妄想のあらわれ。夢や理想にとらわれて地に足がついてない状態です。

正位置 夢に酔いしれて迷う

逆位置 夢の実現のため決断する

カップの8
EIGHT of CUPS

KEYWORD 変転

カップを背に山のほうへと歩く男性。ひとつの区切りを迎え、新たな出発をすることを暗示。

正位置 終わりを悟り次に旅立つ

逆位置 同じテーマに再挑戦する

カップの9
NINE of CUPS

KEYWORD 願望

並んだカップの前で誇らしげに座る男性は、目標の達成や満足感、喜びをあらわしています。

正位置 念願がかない心が満たされる

逆位置 欲望に支配され判断を誤る

カップの10
TEN of CUPS

KEYWORD 幸福

虹を形づくるカップと幸せそうな家族。努力が報われ、平穏な幸せを手にすることを暗示。

正位置 平穏な日々に幸せを感じる

逆位置 退屈な日々に不満を募らせる

カップのペイジ
PAGE of CUPS

KEYWORD 受容

想像力の象徴である海を背景に、カップの魚にほほえむ少年。発想力と柔軟性を意味します。

正位置 すべてを受け入れる豊かな心

逆位置 誘惑に流される弱い心

カップのナイト
KNIGHT of CUPS

KEYWORD 理想

白馬の騎士が理想に向かって歩き出しています。夢がかなうときの喜びや新たな段階のはじまりを暗示。

正位置 理想を達成する喜び

逆位置 現実に直面する悲しみ

カップのクイーン
QUEEN of CUPS

KEYWORD 慈愛

美しいカップを見つめる女王。人の感情に寄り添い共感することや、無条件の愛を意味しています。

正位置 受け入れて本質を見抜く

逆位置 受け入れて同情にひたる

カップのキング
KING of CUPS

KEYWORD 寛大

穏やかな表情をした王は、心の広さを意味します。賢明な判断や、余裕から生まれる遊び心も暗示。

正位置 悠然とものごとをこなす

逆位置 ふりまわされ己を失う

質問に明確に答えてくれる
スプレッド

ひとつの問題を様々な
角度から分析できます

スプレッドとは、シャッフルしたカードを配置する形のことです。「この位置に出たカードは〈問題の原因〉を示す」など、あらかじめカードの位置に意味づけをし、占った問題を配置したカードの視点から分析することができます。カードの意味とスプレッドの位置の意味をかけ合わせて考えることで、より深い答えを得られます。

質問に合わせてスプレッドを選びましょう

悩みごとの答えを
ズバリと得たいときは

➡ 一問一答で答えを知りたい
 ……… ワンオラクル（P39）

➡ 複数の選択肢から選びたい
 ……… 択一（P40）

人間関係を知りたいときは

➡ 相性を知りたい
 ……… ヘキサグラム（P40）

➡ 恋のアドバイスを知りたい
 ……… ハートソナー（P43）

心理状態を分析したいときは

➡ 自分や他人の心を探りたい
 ……… ケルト十字（P41）

ものごとの原因と
結果を明らかにしたいときは

➡ 運やものごとの推移を知りたい
 ……… スリーカード（P39）

➡ 問題点を明らかにしたい
 ……… ホースシュー（P41）

運気を知りたいときは

➡ これから12カ月の運勢を知りたい
 ……… ホロスコープ①（P42）

➡ あらゆる分野の運勢を知りたい
 ……… ホロスコープ②（P42）

 運のいい日はいつか知りたい
 ……… カレンダー（P43）

Introduction タロット占いの基本

どんな質問に対しても端的に答えを導き出せます
ワンオラクル

現状／人の気持ち／問題の原因／
未来の行く末／アドバイス ほか

読み解きポイント

ひとつの問いに対して、1枚のカードを引く、基本のスプレッドです。質問があいまいだと、いかようにでも読めてしまい、自分に都合のいい解釈をしてしまうこともあるよう。

知りたいことは「いつ（過去・現在・未来）」の「誰（自分・相手・第三者）」の「なに（状態・心理・原因・アドバイス）」なのか、事前にしっかりと念頭に置いてから、カードをめくるのがポイントです。

ただし、「アドバイスカード」（P146）など、今の自分に必要なメッセージを知りたいときは、具体的な質問をせずに1枚引いて、そこから直感的にイメージをふくらませていきます。そこから思いがけないヒントを得られることもあります。

質問例

- 今、私の運気はどんな状態にある？
- 気になるあの人は今、どんな気持ちでいる？
- 上司からメールの返事がこない原因は？
- 明日の打ち合わせはどうなる？
- 今日はなにを心がけて過ごせばいい？

ものごとの行く末や展開の流れがわかります
スリーカード

過去　　　現在　　　近未来

読み解きポイント

「過去から未来はどうなるか」など、あらゆるものごとの「流れ」を見るのに適しています。「今日・明日・明後日」「1カ月後・2カ月後・3カ月後」など、好きな時間を設定できるため、つかい勝手のいいスプレッドです。

質問例

- 私の出会い運はどうなっていく？
- 臨時収入がありそうなのはいつ？
- これからの仕事はどんな流れになりそう？

アレンジ

原因　　　結果　　　アドバイス

ものごとが「なぜそうなったのか」を見るのもおすすめです。

たった3枚のカードで、状況把握から解決策まで導くことができるため、あらゆる悩みに対応可能です。覚えておくと役立つスプレッドです。

39

択一

複数の選択肢のなかで
ベストがわかります

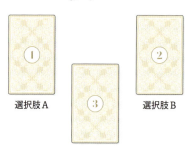

読み解きポイント

どちらを選べばいいかを判断する際につかえるスプレッドです。「①選択肢A」と「②選択肢B」の結果で一喜一憂しがちですが、カギを握るのは「③質問者の態度」。出たカードによっては「選ぶべき選択肢はAでもBでもない」「どっちもどっち」という意外な結論になることもあります。

質問例

◆ A男とB太、恋人に選ぶべきはどちら？
◆ 買うべきはどちらのアイテム？
◆ 旅行をするなら、A県とB県どちら？

アレンジ

より細かく比べたい場合は、「①選択肢Aの状態（相性）」「②選択肢Bの状態（相性）」とし、さらに未来の視点を加えて「④選択肢Aを選んだ未来」「⑤選択肢Bを選んだ未来」を引き足して占うこともできます。

ヘキサグラム

あらゆる関係性の
状態があらわれます

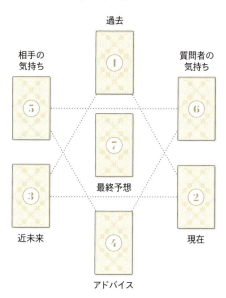

読み解きポイント

ふたつの三角形が交差する「ヘキサグラム」をかたどったスプレッドです。カード1枚1枚の意味もさることながら、スプレッド全体を俯瞰して見ることがポイントに。出たカードの色や構図が似ている、逆位置が多いといった情報がふたりの関係性を物語っていることもあるからです。会社など組織との相性を見ることもできます。

質問例

◆ 冷えきったパートナーとの関係をかえるには？
◆ 友人Aと最近、ぎくしゃくしている理由と改善策は？
◆ A社とB社が協力体制を築くにはどうしたらいい？

Introduction タロット占いの基本

人間の心のなかが透けて見えます
ケルト十字

- ③ 質問者の顕在意識（考えていること）
- ⑩ 最終予想
- 質問者の状況
- ⑨ 質問者の願望
- ⑥ 近未来
- ② 障害となっていること
- ⑤ 過去
- ⑧ 周囲（もしくは相手）の状況
- ④ 質問者の潜在意識（感じていること）
- ⑦ 質問者が置かれている立場

読み解きポイント

人の心の側面をいろいろな角度から細かく切りわけ、1枚ずつカードを置いて分析していくスプレッドです。

「⑥近未来」「⑩最終予想」などの結果だけに一喜一憂していると、大事なヒントを見落としてしまいます。質問者の心理状態に問題があるのか（①～④）、時期的なものか（⑤、⑥）、環境的なものか（⑦～⑨）を判断しながら読んでみましょう。

質問例

- 人に頼れず、仕事を抱え込んでしまう原因はなに？
- 気になるあの人は恋愛に対してどんな思いを抱いている？
- なにを考えているかわからない後輩の真意とは？
- 何度も同じパターンの失恋を繰り返してしまうのはなぜ？

問題の原因と解決策をスパッと割り出せます
ホースシュー

- ① 過去
- ⑦ 最終予想
- ② 現在
- ⑥ 障害となっていること
- ③ 近未来
- ⑤ 周囲（もしくは相手）の状況
- ④ アドバイス

読み解きポイント

問題の原因を探りつつ、今後の流れがどうなっていくかを読み解くスプレッドです。「⑦最終予想」に出るのは、このまま進むと訪れる可能性が高い未来。ここに思わしくないカードが出たら「④アドバイス」を実践することで未来がどうかわるか、さらにカードを引いてもいいでしょう。

質問例

- ケンカしてしまった友だちとの関係を改善するには？
- お金がなかなか入ってこない状況をかえるには？
- うまくいかないプロジェクトにどんな手を打てばいい？

ホロスコープ①
毎月の運勢の強弱がひと目でわかります

ホロスコープ②
恋、お金、仕事……全運気の状態をチェック

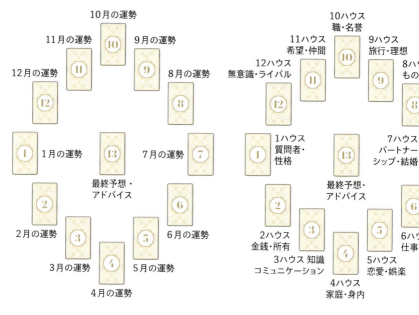

読み解きポイント

12カ月間の運気を読み解けるスプレッドです。1年のはじめに行うだけでなく、誕生日など節目のタイミングで、誕生月から各月の運勢を占うのもいいでしょう。小アルカナも含めて占った場合、スートから「ソード＝仕事に焦点が当たる月」など、その月のテーマになりそうなことを予測すると、より実践的な情報を得られます。

質問例
◆ 今後1年間、がんばるべきときはいつ？
◆ 誕生日からの1年、重要なターニングポイントとなるのはいつ？
◆ これからの1年間、各月の印象的なできごとを知りたい

読み解きポイント

西洋占星術におけるホロスコープ（星の配置図）の「ハウス」（P174）をモチーフにしたスプレッドです。1ハウスから12ハウスまで、仕事や恋愛などのテーマが設定されており、各運がどのような状況にあるかがわかります。もうひとつ外側に円を追加して、その運気がどうなっていきそうか、未来の運勢まで含めて占うことも可能です。

質問例
◆ 現在の私の恋愛、仕事、お金……あらゆる運の状態は？
◆ 今、力を入れるべきことは？
◆ 今、どんなチャンスが訪れようとしている？

気になる人との関係に
アドバイスがもらえます
ハートソナー

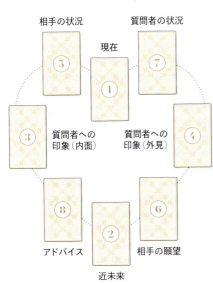

カレンダー
運のいい日や
タイミングが一目瞭然

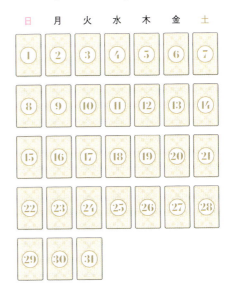

読み解きポイント

意中の人の心をつかむことに特化したスプレッドです。そのため過去を示すカードは存在せず、これからどうすればいいかを様々な角度から読み解きます。「④外見」は顔やスタイルのほか、態度やしぐさ、雰囲気なども含めて考えましょう。恋に限らず、友人、家族、同僚などあらゆる人との関係改善をはかりたいときにおすすめです。

質問例

◆ 好きな人をふりむかせるために
 私がすべきことは？

◆ グループのみんなが私に
 期待しているのはどんなこと？

◆ あいまいな関係の恋人……
 本当はどう思っている？

読み解きポイント

その月のカレンダー通り、1日1枚、カードを引くスプレッドです。出たカードをふまえてスケジュールを組むだけでなく、写真に撮っておいて、その日、カードが暗示するようなできごとがあったかどうかを検証して記録すると上達が早まります。「1カ月の仕事運」「1カ月の恋愛運」などテーマをしぼってもいいでしょう。

質問例

◆ この1カ月間、毎日の運気が知りたい！

◆ 重要なできごとが起こりそうなのは
 何月何日？

◆ 告白、プレゼン、美容院……
 予定を入れるのはいつがいい？

Column 1

言葉のつむぎやすさで
カードを選びましょう

　人とカードの絵柄には相性があります。話していて「この人といるとうまく話せない、調子がくるう」と感じることがあるのと同じで、絵を見てもインスピレーションが広がらず、自分のなかから言葉が出てくる感覚がないのなら、カードとの相性がよくないのでしょう。

　「絵はきれいで好きなのに、イメージが広がらない」というカードもあるはず。下の3枚はどれも〈女帝〉のカードで、愛を表現していますが、イメージはだいぶ異なります。

　自分と近い世界観をもつカードだと、それにまつわる知識や情報が引き出されて占いやすくなるでしょう。猫好きなら「キャットタロット」など、カード選びの際に好きなものを参考にするのもいいかもしれません。

サンタ・ムエルテ・タロット
はかなく、でも熱いもの
身を焦がすようななにか

ウエイト版
女帝

ニコレッタ・チェッコリ・タロット
キラキラ美しいもの
惜しみなく与えるもの

Chapter1

初級編

気軽な質問を占ったり
カードの覚えかたを工夫して
絵柄や意味になじみましょう。

カードに親しみ、タロットになじみましょう

まずは1日に1回
カードにふれる習慣を

　普段はカードを机の引き出しにしまったまま、悩みごとができたときにだけ、ひっぱり出してつかう……これではなかなか上達できません。また大小アルカナあわせて合計78枚もあるタロットカード。覚えきれないからといって、占うたびに本で意味を確認していては、いつまでたっても頭に入らないものです。

　タロットカードの意味を丸暗記する必要はありません。でも、なんとなくこんな意味合いのカードだな、という印象はもっていたほうが、解釈が楽になりますし、質問の内容に合わせて自分なりの応用もしやすくなります。

　78枚のカードについて、だいたいの意味を把握するにはどうすればいいでしょう。それは、タロットにふれる回数を増やすこと。実はこれがいちばんの近道なのです。

　毎日そんなに深刻に占うことなんてなかなかない、と思うかもしれませんね。多くの人が誤解しがちなのですが、タロットは悩みごとがあるときにだけつかう道具ではありません。もっと気軽に、いろいろなことを占ってもいいのです。たとえば、今日1日の運勢の流れだったり、明日の予定をうまくこなすためのアドバイスだったり、このアイテムを買うべきか否かのヒントだったり、ぎくしゃくしてしまった人とのつきあいかただったり。日常において様々なヒントや視点をかえるきっかけをもらうための道具、と考えてみるといいでしょう。

とにかくシンプルに
1枚引くことからはじめてみて

　初心者は、最初から「ヘキサグラム」や「ケルト十字」などの複雑なスプレッドにトライしたくなるもの。でも、枚数が多いためうまく解釈できずに飽きてしまう……ということになりがちです。

　料理と同じで、いきなりブイヤベースをつくろうとするのではなく、まずは基本のお米の炊きかたを覚えることが大切。

　おすすめなのが「デイリーワンオラクル」。とてもシンプルで、日常のささやかなことをワンオラクルで占うというもの。毎日なにかひとつ、占う習慣をつけるだけで、だいたい3カ月後には一度も見たことのないカードがなくなりタロットで占うことが楽しくなっているでしょう。

じっくり眺めて
他人行儀なカードをなくしましょう

　カード1枚1枚をじっくりと「見る」ことも意識してください。意外なところに意外なモチーフが描かれていることに気づくはず。一度でも接点をもったカードは赤の他人ではなくなり、親近感がわいてくるようになるでしょう。

　「Chapter1 初級編」ではタロットにはやくなじめるようになる、気軽な占いかた、大アルカナ・小アルカナの覚えかた、そして質問づくりのコツについてご紹介します。

　どれもタロット占いの基礎であり、しっかりマスターできれば順調にレベルアップできるでしょう。このあとの応用編、上級編へとつながるテクニックがたくさん詰まっています。

はやくカードになれて
スムーズに占えるようになりたいです

デイリーワンオラクルがおすすめです

　デイリーワンオラクルは、日々のできごとについて、「どうなるかな？」と気軽な気持ちで占うものです。

　これから行こうと思っている場所が混んでいるか、買おうとしているアイテムが本当にお買い得か、晩ごはんのメニューはなににすればいいか、傘をもって出かけるべきかなど、日常の何気ないできごとについてカードを1枚引いてみましょう。

　「そんなこと、占うまでもないのでは？」と思うかもしれませんね。でもカードを覚えるスピードも、自分の言葉で表現する力も、カードを的確に解釈する力も確実にアップします。

　タロットの実践力を養うには、タロットとの接点をもつことがいちばん。タロットの意味を自分の経験やひらめきとひもづけることで、解釈も深まっていきます。本当に日常でつかえるタロットリーディングが身につくでしょう。

デイリーワンオラクル基本のやりかた

　日常的にカードにふれる習慣をつけることがねらいなので、面倒なことをしたり、難しく考える必要はありません。

　スペースと時間を取るラウンドシャッフルはせずに、何回かトランプのようにカットして1枚引くだけでいいでしょう。

　あるいは束になったカードを適当なところで半分にわけ、手にした束の裏面を見るだけという究極にお手軽な引きかた「LUA引き（右図）」もおすすめです。1枚カードを引ければいいので、自分にとっていちばん負担のない方法で大丈夫。

　外出先ではタロット占いのアプリを活用するのもおすすめです。

Chapter1 初級編

結果がわかりやすいものを占いましょう

デイリーワンオラクルにおすすめなのが、わかりやすく近い未来に結果が出る質問です。せっかく占っても「当たっていたような、いないような……」では、カードの意味も覚えられません。「当たった！」という経験をすることで、「これはあのときに出たカードね」と印象に残りやすくなります。また、カードがどんな結果を暗示していたか、自分の解釈は合っていたか答え合わせをするクセをつけるようにしましょう。

質問例

◆ これから行くお店は混んでいる？

◆ 宅配便は指定の時間に届く？

◆ あの人は今、なにを思っている？

◆ 遅刻している友人はいつ
　待ち合わせ場所に来る？

◆ セールのワンピース、買ってもいい？

◆ 家族の帰りは遅くなる？

これからの行動を占ってみましょう

質問例

◆ 今日はなにを心がけて過ごせばいい？

◆ 夕食のメニューはなににする？

◆ あの人への贈り物はなにがいい？

◆ 明日のパーティ、どんな装いで行く？

◆ 今週の休日はどんな過ごしかたをすべき？

◆ 残業をする？　それとも帰る？

今日のランチになにを食べるか、どんな服を着ていくかなど、どうすればよりよい過ごしかたができるのか、幸運のヒントを探ってみましょう。出たカードから、自由にメニューやアイテムのイメージをふくらませて、行動に移してみてください。参考として、デイリーワンオラクルキーワード集（P52）を掲載しています。ただし、これは一例。あなたの自由な発想を大事にしてくださいね。

POINT

カードの意味は体験を通すと覚えやすくなります

デイリーワンオラクルのいいところは、カードの意味を実際のできごとを通して体験しやすいことにあります。宅配便がくるかを占い、〈審判〉が出て、実際に「まさに今、きた」とします。そうすると次に別の占いをした際に〈審判〉が出たら「まさに今がそのとき」という解釈ができるようになるでしょう。タロットの意味と日常のできごとをリンクさせることで、より実践的な生きた占いができるようになるのです。

49

身近なことを占ってみましょう

Case 1 | 私の今日の運勢はどうなる？

ワンドの4（逆）

〈ワンドの4〉は、「現状に満足する」ことを示すカードです。枠のなかに人が閉じ込められているようにも見えることから、手を広げるより、目の前にあることをコツコツとこなす日になりそう。人がふたり描かれていることから、雑談ばかりで仕事が進まず、なれ合いムードが漂うかもしれません。

Case 2 | 休日、なにをして過ごすと有意義？

ソードの6

「困難な状況からの脱出」をあらわすカードです。ものごとがいい方向に進んでいきそうです。こんな日は、古いことにこだわるよりも、新しいことに着手したほうがいいでしょう。絵柄から「船に乗る」「移動する」と読むと、どこかへ遠出をしたり、水辺で楽しむレジャーがいいかもしれません。

Case 3 | 今日の晩ごはん、夫は食事をして帰ってくる？

節制

主婦の場合、どの程度、食事の準備をしておくかは重要な問題でしょう。夫をあらわすカードとして「交流」を意味する〈節制〉が出ているため、つきあいの食事がありそう。ふたつの杯が、お酒を飲むことを暗示している可能性も高いでしょう。

Case 4 | 通販でねらっている服買うとどうなる？

太陽

〈太陽〉は「日の目を見る」という意味がありますから、使用頻度の高いお気に入りアイテムになることでしょう。注目をあびる、人気が高まるという意味もあるので、着ていると人にほめられるなど、いいことずくめ。間違いなく買うべきというメッセージです。

Case 5 | 意中の人に今連絡をするとどうなる？

カップの6（逆）

〈カップの6〉は逆位置で出ると、過去に縛られて前に進めないと解釈できます。傷のなめ合いや愚痴のいい合いになってしまいそう。未来に向けた明るい話はできないかも。ネガティブな気持ちを共有することになってしまいそうなため、少し時間を置いて、タイミングをずらしてみてもいいかもしれません。

Case 6 | 今日の上司の機嫌はどう？

カップのナイト

清々しく、なにかをはじめる気持ちになっているようです。思慮深く、なおかつ寛大になっているので、頼みごとや相談をするなら、よいタイミングかも。〈カップ〉は情愛を示すことから、ビジネスライクに接するより、親しみをもって話しかけると吉。逆に、相手からの誘いがあればすぐに受けるようにして。

Case 7 | 銀行の混雑具合はどうなっている？

女司祭（逆）

神経質でカリカリしている状態を示すカードです。すでに銀行は混雑していて、お客さんがいらだっているのかもしれません。「融通の利かなさ」をあらわすカードでもあるため、せっかく足を運んだのに、書類の不備などで目的を達成できずに帰ることになるかも。

Case 8 | ランチに食べるメニューをどうする？

ワンドの5

戦いの熱さを感じること、そして何本にも交差したワンドが網の目にも見えることから、焼き肉をイメージ。あるいは複数の男性が描かれているため、男性が集まるような、活気があってにぎやかな定食屋がラッキーという解釈もできるでしょう。

デイリーワンオラクル
キーワード集

日常的に占うことが多い5つのテーマについて、大小アルカナ78枚の
キーワードをまとめました。

大アルカナ

テーマ	YES or NO	来る or 来ない	買う or 買わない	今どんな状態?	イメージキーワード
愚者	★☆	通り過ぎる	そのときはつかえる	とくになにもない、未知数	ミニマル、身軽
魔術師	☆☆☆☆☆	みずから来る	つかいこなせる	やる気、うまくまわっている	スッキリ、さわやか
女司祭	★☆	来ない	意外とつかわない	まじめ、閑散としている	清潔感、清涼感、繊細
女帝	☆☆☆☆	待っている	満足する	豊か、繁盛	まろやか、優しい、快適
皇帝	☆☆☆☆☆	相手の予定通り	長持ちする	落ち着いている、それなり	頑丈、安心、システマチック
司祭	☆☆☆☆☆	約束があるなら来る	大切につかう	リスペクト、ほどよい	信頼できる、裏切りのない
恋人	☆☆☆	来たい	お気に入りになる	好意的、にぎわっている	さっぱりした甘さ、楽園
戦車	☆☆☆☆☆	まもなく来る	がんがんつかう	好戦的、混んでくる	機能性、携帯性、利便性
力	☆☆☆☆	ギリギリに来る	悪くないけれど……	前向き、混み合いそう	努力して整える、工夫
隠者	★★★★	来る様子はない	タンスのこやし	内に向かう心、休み	まったり、じっくり、煮込み系
運命の車輪	☆☆☆☆☆	来るところ	すぐに熱が冷める	ときめき、いいタイミング	求めていたもの

Chapter1 初級編

YES or NO
あらゆる質問に対して「YES・いい判断（☆）」「NO・あまりよくない判断（★）」を5段階評価しています。星の数が多いほどYESもしくはNOの可能性が強まります。「☆★」は「どちらの可能性もある」ことを示します。

来る or 来ない
待ち人や連絡が、これからくるかどうか可能性を読みながら、相手の状況を探ります。

今どんな状態?
人の気持ち、場所の混雑具合など、その対象がどのような状況にあるかをあらわします。

買う or 買わない
食材、洋服、雑貨など、そのアイテムを購入すると、結果的にどうなるかをあらわします。

イメージキーワード
様々なことに応用できる、そのカードからイメージされる事柄や雰囲気をあらわします。

テーマ	YES or NO	来る or 来ない	買う or 買わない	今どんな状態?	イメージキーワード
正義	☆★	約束通り	価格なり、それなり	ドライ、通常の込み具合	甘辛、バランスがいい
吊るし人	★★★★★	来られない	つかいこなせない	つらい、誰もいない	なすすべもない、静か
死	★★★★★	来る気がない	1度もつかわない	踏ん切り、すいている	口直し、整然としている
節制	☆☆☆	来る、連絡がある	便利にヘビーユース	関心がある、出入りがある	創作料理、折衷案
悪魔	★★★	遅れる、しつこく来る	一時だけのマイブーム	甘え、無秩序な状態	甘すぎ、どろどろ、クセになる
塔	☆★	驚きの展開	壊れたり紛失するかも	驚き、閉店	破壊的、刺激的、すごい
星	☆	来そう	意外ともろい	憧れ、気持ちがいい	きれい、みずみずしい
月	★★	来なさそう	つかい道がない	心配、不安、予想できない	微妙な感じ、あいまい
太陽	☆☆☆☆☆	楽しそうに来る	いろんな意味で大満足	楽しい、ピーク時	わかりやすい、飽きがこない
審判	☆★	まさに今、来る	必要な場面がすぐに!	ひらめく、改装中	思いつく、これだという感覚
世界	☆☆☆☆☆	思った通り	人からもほめられる	納得、ちょうどいい	自他ともに認める

53

小アルカナ・ワンド（棒）

テーマ	YES or NO	来る or 来ない	買う or 買わない	今どんな状態?	イメージ キーワード
ワンド A	☆☆☆☆☆	出るところ	活用度が高い	情熱と勢い、混雑	新たな挑戦、情熱
ワンド 2	☆☆	来たところ	買ってよかったと思う	自信、ひと段落	満足、自信、自負
ワンド 3	☆☆	知らせが来る	今、必要なもの	期待、混んでくる	目標に向かっている、目指す
ワンド 4	☆☆☆	うれしい結果に	気持ち的に満たされる	穏やか、一巡したあと	自分らしい、リラックス
ワンド 5	☆☆	多分来る	もっと欲しくなる	伝えたい、並んでいる	思いきってやってみる
ワンド 6	☆☆☆☆	最後は来る	人からうらやましがられる	得意気、いいことがある	すてき、ばっちり、いいな
ワンド 7	☆☆	返事が来る	新たな武器になる	意欲、忙しい状況	自分好み、好みを貫く
ワンド 8	☆☆☆☆	向かって来る	作業がスムーズになる	幸運を実感、スムーズに流れる	あっという間の急展開
ワンド 9	☆☆☆	出発の準備中	今後のそなえになる	臨機応変、セキュリティが厳しい	下ごしらえ、下見、そなえ
ワンド 10	★★★★	来るのが重荷	分不相応で後悔、もてあます	プレッシャー、渋滞中	うんざり、勘弁、おなかいっぱい
ワンド ペイジ	☆☆☆	伝えに来る	希望をもてる	夢中、人が集まりはじめている	マイブーム、今が旬
ワンド ナイト	☆☆☆☆	勢いよく来る	意欲的になる	挑戦意欲、人の流れがある	新しさ、斬新さ
ワンド クイーン	☆☆☆☆	すすめられて来る	トレードマークになる	余裕がある、いい混み具合	場を整える・楽しむ
ワンド キング	☆☆☆☆	相手しだい	周囲が驚く	楽観的な気分、ちょうどいい	アイデア勝負、なるほど

小アルカナ・ペンタクル（金貨）

テーマ	YES or NO	来る or 来ない	買う or 買わない	今どんな状態?	イメージキーワード
ペンタクル A	☆☆☆☆☆	来る予定なら来る	いいものを買えたと満足	がんばろう、いつも通り	確かな手ごたえ、名実
ペンタクル 2	☆	合間に来るかも	いろいろつかえる	なんとかなる、とんとんの状態	いいとこ取り、コラボレーション
ペンタクル 3	☆☆☆	約束していれば来る	それなりに役立つ	正確にやりたい、並んでいる	見合った評価、評判通り
ペンタクル 4	☆☆☆	メリットがあれば来る	物欲や虚栄心を満たす	もっていたい、もうかっている	良質なもの、自慢になる
ペンタクル 5	★★★★	素通り、来ない	妥協したことを後悔	いじけている、傾いた状態	負の思い込みからのひがみ
ペンタクル 6	☆	待てば来る	人にわける、一緒につかう	平等でいたい、まだ入れる	お金では買えない価値
ペンタクル 7	☆☆☆	予定見直し中	次回の購入のヒントになる	省みる、改善すれば効率が上がる	悪くはないけれど……
ペンタクル 8	☆☆☆	約束や予定の通り	毎日の必須アイテムになる	無心に励む、徐々に列が長くなる	試行錯誤されたもの
ペンタクル 9	☆☆☆☆	来てくれる	もつことで高級感が出る	自信とゆとり、にぎわってくる	愛されるもの、人気
ペンタクル 10	☆☆☆	来るはず	長くつかえる	守りたい、昔のままかわらない	伝統的、昔ながら
ペンタクルペイジ	☆☆☆	来る気で動いている	あとから役立つ	学びたい、どんどん混んでくる	デザイン性より実用性
ペンタクルナイト	☆☆☆☆	約束や用事があれば来る	しっかり活用できる	やりとげたい、列は進んでいる	メリット、グルメより栄養
ペンタクルクイーン	☆☆☆☆	頼めば来る	自分よりもほかの人の役に立つ	誰かのため、快適な混み具合	いい環境、安定
ペンタクルキング	☆☆☆☆	必要なら来る	もつことでパワーアップ	役立ちたい、けっこう待たされる	ものがいい、確実

小アルカナ・ソード（剣）

テーマ	YES or NO	来る or 来ない	買う or 買わない	今どんな状態?	イメージキーワード
ソード A	☆☆☆☆☆	切り開いて来る	新しいスタイルが生まれる	勝負したい、これから混みそう	はじめの一歩、お試し
ソード 2	★	状況をうかがいながら来る	あちらがよかったかもと思う	どっちもあり、すいてくる	安定してくる、どっちつかず
ソード 3	★★★	理由があるなら来る	あとからいいものが出てショック	現実に向き合う、トラブルの気配	食べにくい、いただけない
ソード 4	☆☆☆	歩みを止めた状態	今はつかわない	ゆっくりしたい、メンテナンス中	癒し、パワーチャージ
ソード 5	☆	来るか来ないかの駆け引き	口車に乗せられる	自己中心的、変な人がいる	利己的、自己中心的な満足
ソード 6	☆	ようやく来る	便利になる	逃れたい、ピークが終わる	過渡期、これからの状態
ソード 7	★★	来ても気づかない	もっと安い店があった	隠したい、悪評がある	価格と見合っていない
ソード 8	★★★★	来られないと思っている	失敗したと思う	他力本願、混んでいて動けない	比べるクセ
ソード 9	★★★	忘れて来ない	どうして買ったのかと後悔	後悔、用事がない	その価値に気づく
ソード 10	☆★	来るきざし	返品を検討	達観、来てよかったと思える状態	食わず嫌いの発見
ソードペイジ	★★★	来ないかもしれない	慎重につかう	失敗したくない、人は少ない	遊びがない、質素
ソードナイト	☆☆☆☆	すぐに来る	使い勝手がいい	合理的、刻々とかわる	合理性重視、味気ない
ソードクイーン	☆★	来るべきときに来る	思った通りにつかえる	クール、用は足りる	ユニーク、オリジナリティ
ソードキング	☆★	正当な理由があれば来る	買ったからにはつかおう	ストイック、それなりの人の入り	無駄がない、厳選された

小アルカナ・カップ〈聖杯〉

テーマ	YES or NO	来る or 来ない	買う or 買わない	今どんな状態?	イメージ キーワード
カップ A	☆☆☆☆☆	相手が望んでいるなら来る	手に入れた喜びを実感	素直、そこそこのにぎわい	お気に入り、最高
カップ 2	☆☆	期待通りに来る	愛着がわく	心を開く、人が入れかわる	まずまず、相手も納得
カップ 3	☆☆☆	うれしそうに来る	人に見せたくなる	祝いたい、混んでいても満足	楽しい、おいしい、うれしい
カップ 4	★	もったいつけて来る	いまいち不満足	悶々、なかなか列が進まない	飽きる、マンネリ化
カップ 5	★★★	しぶしぶ来る	やっぱり違うかも……	後ろ向き、すいても気づかない	気づいていないだけ
カップ 6	☆	思い出して来る	人に贈りたくなる	無邪気、耳に入る会話が楽しい	懐かしい、思い出す
カップ 7	☆★	迷っている	そのほかのアイテムのひとつに	決められない、よりどりみどり	ほしいものがわからない
カップ 8	☆☆	前の予定を終えてから来る	手にすることで気持ちがかわる	気がかわる、徐々にすく	もう十分、ごちそうさま
カップ 9	☆☆☆☆	満足して来る	願望成就でにんまり	大満足、満足できる状態	ちょうどいい
カップ 10	☆☆☆	めでたく来る	小さな喜びに幸せを感じる	幸せ、よかったと思える状態	心が満たされる
カップ ペイジ	☆☆☆☆	打ち明けに来る	アレンジしてつかう	おおらか、穏やかな状態	実用性よりデザイン性
カップ ナイト	☆☆☆☆	なにかを届けに来る	早く買えばよかった!	清々しい、人が増えてくる	理想的、憧れ
カップ クイーン	☆	相手が優しく待っている	気持ちがやわらぐ	思いやり、あたたかな状態	適応できる、すべて OK
カップ キング	☆☆☆☆	あなたを受け入れようと待っている	心にゆとりが生まれる	寛大、常連でにぎわう	大丈夫

丸暗記が苦手……1枚1枚 理解しながら覚えられますか？

➡ 絵の細かいところに目を向けましょう

　タロットカードには、様々な意匠が描かれています。メインの人物の背後に意外な動物が隠れていたり、服にシンボリックな柄が描かれていたり。

　こういった細部に目を向けると、おもしろい発見があるはず。そして一度、目にとまると「ああ、このモチーフが描かれているカードだ」と親近感を覚え、記憶に残りやすくなります。

　描かれたシンボルが意外性のある意味合いを秘めていることも多く、それをきっかけにして、カードを別の側面から見ることができるようにもなるでしょう。

　ここではウエイト版に描かれている絵柄から印象的なものをピックアップしています。もちろんそれ以外のデッキでも、作者がなんらかの意図をもってモチーフを描いているはずなので、同じようにカード1枚1枚と向き合ってみましょう。きっとカードを覚えやすくなるはずです。

背景に注目してみましょう

豪華な衣装とクッション

金星マークが描かれた盾

THE EMPRESS.

豊かな水ととうもろこし

女帝

充血している馬の目

DEATH.

よく見ると日の出が

安らかな表情の少女

死

「豊かさ」を意味する〈女帝〉のカードは、いろいろなモチーフで豊穣を表現していることがわかります。盾には金星のマークが描かれていますが、これは西洋占星術で快楽や喜びをあらわす天体です。

一見、おそろしげに見える〈死〉ですが、実は日の出や安らいだ表情の人物など、平穏なシンボルが描かれていることがわかります。こうしたことからも、カードを違う角度から読み解けるようになるでしょう。

動物に注目してみましょう

犬
犬は忠誠と保護のシンボル。勇気と用心深さをあらわす動物でもあります。
例：愚者

ウサギ
子どもをたくさん産むため多産のシンボルとされています。
例：ペンタクルのクイーン

馬
生命力の強い馬は繁栄や子宝の意味をもち、俊敏さと征服力のシンボルとも。
例：太陽

牛
雌牛はミルクで生命を育み、母なる大地と財産、繁栄の象徴。
例：ペンタクルのキング

狼
狼は古代ローマにおける勇気と勝利、保護の獣。狡猾、残酷、貪欲さも象徴。
例：月

カタツムリ
聖なるうずまきは永遠と迷宮のシンボル。女性的なエネルギーを意味します。
例：ペンタクルの9

黒猫
魔術や魔女の力と関係が深い黒猫。幸運の使者とされています。
例：ワンドのクイーン

ザリガニ
古くから獣より下等とされた甲殻類は、無意識の領域や原始的な欲求のシンボル。
例：月

魚
一度にたくさんの卵を産む魚は、無限の創造力と芸術性のシンボルとされます。
例：カップのペイジ

サラマンダー
トカゲの姿をした火の精霊、サラマンダー。勇気と不屈の精神を司ります。
例：ワンドのキング

スフィンクス
守護と王権をあらわします。ファラオとかかわりの深い太陽の意味をもつことも。
例：運命の車輪

人魚
愛と誘惑、喪失を司る存在。美しく悲しいできごとも暗示。
例：カップのクイーン

羊
仔羊はいけにえのイメージから自己犠牲のシンボル。牡羊は男性的な強さの象徴。
例：皇帝

蛇
脱皮する生態から、死と再生を司る蛇。まぶたがないことから知恵の意味合いも。
例：恋人

ライオン
百獣の王ライオンが意味するのは力。物質的、精神的な欲望の強さも象徴。
例：力

空を飛ぶものに注目してみましょう

鳥
大空を飛ぶ鳥は自由と精神、そして知性のシンボル。歌をあらわすことも。
例：ソードのナイト

鳩
ノアの方舟に旅の終わりを伝えた鳩は神のつかい。平和と喜びの到来を意味。
例：カップのA

アイビス
アイビス（トキ）は古代エジプトでは知恵と導きの象徴。自由と高い精神性の意味も。
例：星

猛禽
空の王者である猛禽は権力と地位、全知のシンボル。太陽神のつかいとも。
例：ペンタクルの9

蝶
さなぎから美しく生まれかわることから、魂と復活、変身のシンボルです。
例：ソードのキング

服の柄に注目してみましょう

一輪草
一輪草は若さと美、精神的成長のサイン。開花とはじまりの季節である春も暗示。
例：ペンタクルの9

雲
神の啓示をあらわす一方、流されるあいまいさの意味も。
例：ソードのクイーン

ザクロ
ぎっしりと詰まった赤い種から、豊穣と多産のシンボル。女性的力の意味も。
例：女帝

蓮
宇宙と創造、悟りのシンボル。水辺で育つ植物ゆえ、精神世界とのつながりも。
例：カップのペイジ

ブドウ
実りと収穫を意味。ワインの材料となることから、自由奔放な人物の意味も。
例：ペンタクルの10

図形に注目してみましょう

三角形
上向きの三角形は立ち昇る炎を図案化したもの。火の錬金術記号でもあります。
例：節制

四角形
獣は四足で体を支えるため、四角形は安定と大地、4つの方位を司るシンボル。
例：正義

五芒星
人間の頭と手足を意味し、上向きなら完全性、下向きなら悪魔のシンボル。
例：ペンタクルの4

六芒星
六芒星は、錬金術では四大元素の結合、ユダヤ教では男女の調和を意味。
例：戦車

円形
円は永遠と完全性の象徴。尻尾をくわえた蛇やトカゲの姿であらわす場合も。
例：ワンドのキング

Chapter 1 初級編

人の表情に注目してみましょう

けわしい表情	目を閉じる	穏やかな表情	恐怖	笑み
堂々と威厳ある人に見えると同時に、実は視線をはずしていてどこか不機嫌。例：皇帝	瞑想中のような静かで落ち着いた表情。悟りと排他的な心情を暗示しているよう。例：隠者	苦しい状況に反して穏やかな表情は「見かけほど悪くはない」という意味かも。例：吊るし人	口を開けて絶叫！恐怖に見えるか、どこか楽しげに見えるかは、あなたしだい。例：塔	不敵な表情でにやり。欲しいものが手に入ったのか、どことなく腹黒い笑みです。例：ソードの5

十字架に注目してみましょう

アンク十字	ギリシャ十字	教皇十字	聖アントニウス十字	ラテン十字
独特の形をしたアンク十字。古代エジプトにおける生命のシンボルです。例：皇帝	縦横が同じ長さのギリシャ十字はキリスト本人ではなく、キリスト教の象徴。例：審判	3つの横棒を組み合わせた教皇十字。ローマ教皇のシンボルとして有名です。例：司祭	T字型の十字。古代ローマの磔刑で用いられ、あがないと福利のシンボル。例：吊るし人	キリストが架けられた十字架をあらわし、犠牲と救済、キリスト本人のシンボル。例：司祭

持ち物に注目してみましょう

荷物	聖典	地球	旗	ランタン
小さい刺繍つきのバッグ。旅慣れしていて、貴重品だけを持ち歩くのでしょうか。例：愚者	ユダヤの教えが記された聖典トーラ。知恵と思慮深さのシンボル。例：女司祭	文字通り世界のすべてを象徴しています。がっしりとつかむ指にも注目を。例：ワンドの2	所属を示す旗は自己主張とリーダーのシンボル。なにが描かれているかも意味が。例：死	闇夜を照らし、救済と導きの象徴。行く手にはなにが待っているのでしょうか。例：隠者

61

植物に注目してみましょう

アイリス
アヤメ科の植物で希望と光のシンボル。虹の女神イリスの象徴で、喜びを意味。
例：節制

赤いバラ
真っ赤なバラは愛と情熱、火のシンボル。ものごとの完成も意味します。
例：魔術師

白いバラ
汚れなき白のバラは聖母マリアのシンボルで、純潔、水、月、尊敬を司っています。
例：愚者

ヒマワリ
背が高く大きな花をつけるヒマワリは、生命力の強さと太陽のシンボル。
例：太陽

ユリ
純白のユリは平和と貞節の象徴。水辺に自生し、清らかさを意味します。
例：カップの6

水の動きに注目してみましょう

川
清らかな川は浄化と癒し、そしてせせらぎの音はコミュニケーションの象徴です。
例：ワンドの8

滝
流れ落ちる滝は現世と聖なる世界をつなぎ、すべての存在を結びつける導線とも。
例：女帝

海
穏やかな水面は冷静さの象徴。平和で、文字通り波風の立たない状態です。
例：ソードの2

波
波が大きいほど現状が不安定で荒れた状態であることを暗示しています。
例：ペンタクルの2

水たまり
深層心理と創造力のシンボル。面積が広く深いほど意味が強くなるので注目を。
例：ソードの8

天候に注目してみましょう

雨
浄化と豊穣のシンボルですが、長く降れば水害となることから苦しみの暗示も。
例：ソードの3

雲
灰色の雲が立ち込める空は不明瞭さの暗示。答えが見えず、不確定な状況です。
例：カップの7

虹
平和と希望のシンボル。旧約聖書では神との契約を意味するモチーフです。
例：カップの10

太陽
喜びとものごとのはじまり、そして生命力のシンボルです。エネルギーや男性性も象徴。
例：太陽

雪
白は純潔のシンボルですが、冷たく固まる雪は厳しさやつらさも象徴します。
例：ペンタクルの5

Chapter 1 初級編

調度品に注目してみましょう

馬具　　　アーチ　　　台座　　　ベッド　　　カップ

馬具がハートの形をしています。ハートは心臓をあらわし、情熱の象徴です。
例：ソードのナイト

庭園のアーチから風景が見えます。あれは山？　それとも大海原の波？
例：ペンタクルのA

石の台座に下半身が埋まって見えます。この人物は人間ではないのかも？
例：戦車

剣を担いだ人と尻もちをつく人がいるように見えます。逆転はあり得る？
例：ソードの9

天使の装飾。見ようによっては作物を刈り取る鎌のよう。
例：カップのクイーン

装飾品に注目してみましょう

ペンダント　　靴　　　髪型　　　帽子　　　ブローチ

王が身につけている金色をした魚のペンダント。水のエレメントを思わせます。
例：カップのキング

左右で靴の長さが違います。慌てんぼうなのか、元からこういうデザインなのかも？
例：ワンドの7

緑とオレンジのカラフルな髪色と奇抜なスタイリング。植物のようにも見えます。
例：恋人

平安時代の烏帽子のように長い帽子。なにが入っているのでしょうか？
例：ペンタクルの2

小さな猫のブローチが。赤い色にも秘密が隠されていそう。
例：ワンドのクイーン

奇妙なモチーフに注目してみましょう

指　　　子ども　　　聖獣　　　赤い紙　　　マーク

意味深な形に指が組まれています。この人物はなにかを伝えたいのでしょうか？
例：ソードの10

つまらなそうな顔をした子ども。大人たちの井戸端会議には興味がないのかも。
例：ペンタクルの10

輪のまわりで4体の聖獣が本を読んでいます。勉強しているのでしょうか？
例：運命の車輪

お金を乞う人の外套のポケットからのぞく、赤いなにか。督促状にも見えます。
例：ペンタクルの6

赤いコマのようなマーク。十字のようにも見えますが、どんな意味が？
例：戦車

― 63 ―

3

よく似た大アルカナのカードを読みわけられません……

⬇ 意味の違いを理解しましょう

　大アルカナのなかにはいくつか似たイメージのもの、タイトルが抽象的なものがあります。たとえば〈正義〉と〈審判〉はどちらも裁判のようなイメージを抱いている人が多いでしょう。また暗いイメージのある〈死〉〈悪魔〉〈塔〉ですが、なにがどう違うのか、わかりますか？

　もちろん、すべての意味を厳密に覚える必要はありませんし、絵柄から受けるインスピレーションがもっとも大切。でも、なんとなく怖いカードというイメージだけで読んでいると、どんどん占い結果が単調になり、飽きてしまうでしょう。

　そこで一度、自分のなかで似た印象のあるカードをピックアップして、違いを考えてみるといいでしょう。

　ここでは、混乱しやすいカードを並べて、共通点や違いについて解説していきます。それぞれのカードの意味がクリアになれば、占ったテーマによって応用しやすくなり、より鋭く具体的なリーディング結果を得られるようになるでしょう。

似ているカードを比べましょう

〈愚者〉 〈魔術師〉

　大アルカナ冒頭の2枚のカードなので印象は強いものの、黄色い背景と人物が片手を上げた構図、スタートをあらわす意味が似ていることもあり、混乱する人も多いようです。

　〈愚者〉はどこかに向けて歩きだしたものの、テーマや目的はなにも決まっておらず、これから吉にも凶にも転ぶ状態です。

　それに対し〈魔術師〉は「これ」という取り組むテーマがすでに決まっており、実際にはじめている点で異なります。〈愚者〉は自由、〈魔術師〉は自信がキーワードです。

愚者

魔術師

〈女司祭〉〈司祭〉

　司祭という職にあまりなじみがないため、イメージしづらいかもしれません。

　ともに神職ですが、〈女司祭〉は目に見えない世界のことを学んで理解しようとしている精神性をあらわします。〈司祭〉は人としての規範や道徳を示し、世の中の人に精神的な成長をうながす指導者であるという違いがあります。

女司祭　　　司祭

〈女帝〉〈皇帝〉

　国を守る役目を負っている〈皇帝〉と〈女帝〉。ともに高貴さを感じさせる、立派な身なりをしており、確固たる地位についていることが共通点です。

　彼らは夫婦ととらえるとわかりやすいでしょう。子という第三の命を生み出す〈女帝〉、それを守り、安定させようとする〈皇帝〉、女性性と男性性、それぞれの性質が色濃くあらわれているといえます。

女帝　　　皇帝

〈恋人〉〈悪魔〉

　天使と悪魔を中心に、男女が立つ、三角形の構図が似ているものの、幸福と堕落という正反対の状況をあらわすカードです。

　〈恋人〉はエデンの園のアダムとイブで、快楽の虜となったふたりが〈悪魔〉となったともいわれています。

　裸は包み隠さないピュアさの象徴ですが、〈恋人〉は恋する気持ちに、〈悪魔〉はみずからの欲望に忠実であるという点が異なるといえるでしょう。

恋人　　　悪魔

色合いの似たカードを比べましょう

〈皇帝〉〈正義〉

　赤い衣をまとっていること、そして石づくりの玉座に座っていることから似た印象になりやすいようです。石のようなかたい意志を暗示する点は共通しますが、〈皇帝〉は男性、〈正義〉は女性であることに注目。
　みずからの信念というひとつの答えを押し通す〈皇帝〉、善か悪か二択のなかから選びとろうとする〈正義〉という違いがあります。

皇帝　　　　　正義

〈戦車〉〈力〉

　どちらもパワーあふれるタイトルのカードです。〈戦車〉が勢いよく前に進む意味をもつことは絵柄を見ればわかるでしょう。
　それに対し〈力〉は、女性が描かれていることからも、ただの力押しというよりも、「力をうまくつかって相手を手なずける」「絶妙な力加減で、状況を制する」という意味合いになり、力のつかいかたが異なります。

戦車　　　　　力

〈運命の車輪〉〈世界〉

　四隅に描かれた四大聖獣が共通するカードです。
　ただし〈運命の車輪〉では聖獣が書物を開いており、まだ彼らが勉強中の身で、なんらかの途上であることを感じさせます。それが〈世界〉になると堂々とした顔になっており、なにかが完成したことを暗示します。
　また〈運命の車輪〉は永遠にまわり続ける輪、〈世界〉の輪は、この世のすべてを内包する完成体をあらわしています。

運命の車輪　　　世界

似た印象のカードを比べましょう

〈正義〉〈節制〉〈審判〉

いずれも概念をあらわしたカードなので、ピンときづらい人も多いでしょう。

〈正義〉は公正な立場にあり、裁判官のように善悪の判断を下す人です。

〈節制〉は二者の間でバランスを取る、まぜ合わせるという意味があるカードで、コミュニケーションをあらわします。

〈審判〉は言葉から裁判や判断をイメージしがちですが、聖書の「最後の審判」を意味しています。この世界の終わりに死者がよみがえり、神に天国か地獄行きかを裁かれるというものです。そのためものごとの復活や「そのときがきた」ことを知らせるカードとして解釈されます。

正義

節制

審判

〈星〉〈月〉〈太陽〉

いずれも天体が描かれているカードです。〈星〉と〈太陽〉は吉意の強いカードですが、〈月〉のみ、不穏な雰囲気が漂っています。

みずから光を放つ〈星〉〈太陽〉に対し、太陽の光を反射するだけの〈月〉は、不安定な存在なのかもしれません。

一糸まとわない裸の人物は、自分を覆い隠す必要のないピュアさを象徴しており、〈星〉では乙女が未来の希望を、〈太陽〉では子どもが生きる喜びや楽しみを表現しています。

大アルカナのなかでも後半のカードなので、順番がわからなくなる人も多いようですが、〈星〉から〈太陽〉まで、「だんだん光が強くなっていく」と覚えるといいでしょう。

星

月

太陽

名前や構図が似ているカードを比べましょう

〈隠者〉〈吊るし人〉

中央に人がぽつんといる構図、そして灰色の薄暗い色合いが似ているカードです。

ともに「内省する」という意味合いがありますが、〈隠者〉は積極的にひとりになってなにかを考えたいという意志があります。それに対して〈吊るし人〉は身動きが取れず、どうしたものかと考えざるを得ない状況にあることが多いようです。

隠者　　　吊るし人

〈愚者〉〈隠者〉

〈愚者〉と〈隠者〉は、名前こそ似ていますが、まったく性質の異なるカードに見えます。でもどちらも社会から距離を置いているという共通点があります。〈愚者〉は世の中の常識からはずれており、〈隠者〉は時代から隔絶されています。

なにも考えておらずフラフラしている〈愚者〉、考えすぎて動けない〈隠者〉という対比もできます。

愚者　　　隠者

〈女司祭〉〈正義〉

2本の柱が印象的なコンビです。

白と黒の柱に描かれた文字は、ヘブライ語で「JAHIN（光）ヤヒン」と「BOAZ（闇）ボアズ」を意味し、その間にいる〈女司祭〉は、陰と陽、自分と他人など、対立するふたつのものをヴェール越しに感じ、直観を働かせています。

石の柱の間に立つ〈正義〉は、今まさに善悪の判断を下そうとしています。静観する〈女司祭〉、精査する〈正義〉という差があります。

女司祭　　　正義

意味やモチーフが似ているカードを比べましょう

〈死〉〈悪魔〉〈塔〉

　おどろおどろしい絵柄のインパクトが強いため「3大凶札」とも呼ばれているカードですが、その違いを理解すれば怖いことはないとわかるでしょう。

　〈死〉は運命的な力によってものごとが終わると同時に、新たになにかがはじまることを暗示しています。

　〈悪魔〉は災難というよりも、心のなかに生まれる欲望や誘惑との戦いを意味します。

　そして〈塔〉は突然のできごとによる崩壊を暗示しますが、それは「改革」や「刷新」に結びつきます。

　微妙なニュアンスの違いを理解すると、読み間違えることがなくなるでしょう。

死

悪魔

塔

〈司祭〉〈戦車〉〈悪魔〉

　頂点に立つ者、その下にふたりのつき従う者の三角形の構図が共通する3枚です。

　信徒に祝福を与える〈司祭〉はキリスト教における「霊」「父」「子」という、三位一体の関係性をあらわします。

　そして白と黒、2頭のスフィンクスをコントロールしようとする〈戦車〉。

　堕落した男女の仲介をするかのように、中央に立つ〈悪魔〉。

　3という数字には能動性という意味がありますが、これらのカードには目の前のものをコントロールして動かしていくことができるという共通点があります。

　とくに〈司祭〉は精神性を、〈戦車〉は実際の事物を、〈悪魔〉は心のなかにある欲望を動かすという違いが印象的です。

司祭

戦車

悪魔

テキストがないと小アルカナの意味がわかりません

「スートと数」で考えましょう

　小アルカナは構成を理解すれば、グンとわかりやすくなります。

　小アルカナは、ワンド・ペンタクル・ソード・カップという4つのスート（モチーフ）からなっています。この4つは万物を構成するエレメント（要素）に対応しており、ワンドは火（情熱）、ペンタクルは地（物質）、ソードは風（思考）、カップは水（感情）に該当します。

　そして小アルカナはA～10までの数が割り振られたヌーメラルカード（数札）と、ペイジ・ナイト・クイーン・キングというコートカード（宮廷札）でできています。

　つまり、4つのエレメントの意味に、数や人物の意味をかけ合わせたものが小アルカナ56枚ということ。〈カップの3〉なら「感情（カップ）が喜ぶ（3）」などと解釈できます。

　この基本ルールを理解すれば、小アルカナも格段にイメージしやすくなるでしょう。

スート、数とはなんでしょう？

スート

　小アルカナに描かれているスートは、トランプの記号の元になっています。ワンドはクラブ（♣）、ペンタクルはダイヤ（♦）、ソードはスペード（♠）、カップはハート（♥）に該当します。なじみ深いトランプに対応させて考えると、意味を覚えやすくなるはず。

数

　数は奇数と偶数にわかれます。奇数は加算することで偶数に変化する、能動的な数。偶数は加算しても偶数のままで、安定した受動的な数。「0」自体に数としての意味はないものの、「0」があることで数が増えることから未知数という意味をもちます。

Chapter 1 初級編

4つの要素からなるスートの意味って?

火(ワンド)

「なにかを成しとげたい!」というイメージ。ワンドは、火のエレメントに対応します。燃え盛る火は、なにかを成しとげたいという情熱や、未知なる場所へおもむく勇気を意味し、その移りかわりがあらわれていると考えてみてください。野心の行く末、夢の実現、誰かと戦うこと、バイタリティや健康状態などもこのエレメントで考えてみるといいでしょう。

火が地(灰)を生み
地が火の
燃料となる関係

火(太陽)で
風が生じ
風で火が
燃える関係

地(ペンタクル)

「生活を安定させたい!」というイメージ。ペンタクルは、地のエレメントに対応します。あらゆる生命を育む土台となる大地は、作物の実りや、それを育てるスキル、収穫物を交換するときの対価となるお金の象徴。スキルや人脈、家や持ち物など、社会的なステイタスもあらわします。雨風を耐え忍ぶ不屈の忍耐力もこのエレメントの象意になります。

水が火を消し
火が水を
蒸発させる関係

地が風をさえぎり
風が地を
拡散する関係

風(ソード)

「理解し、伝えたい!」というイメージ。ソードは、風のエレメントに対応します。風があらわすのは知性や思考能力で、それによって育まれる価値観、自己表現、コミュニケーションも含まれます。さらに戦略や策略などの高度な知的活動、もしくは、固定観念に縛られることや頑なさも暗示。言葉はときに鋭い刃となり、人を傷つけることもあるためです。

地が水を
受け止め
水が地を潤す関係

風が水を揺らし
乾いた風が
水で変化する関係

水(カップ)

「誰かとわかり合いたい!」というイメージ。カップは、水のエレメントに対応します。形なく流れる水は、どこにでもしみこむ感情の象徴。人の気持ちに寄り添い、わかり合いたいという衝動をもっています。恋愛や人間関係の衝動があらわれるといえるでしょう。このほかに人の心を感動させるものを生み出すクリエイティビティやアートのセンスもここに含まれます。

10の数字がもつ意味をチェック

1

ものごとのはじまりと
それを生み出す力

「1」ははじまりや誕生を意味する数です。小アルカナの各スートのAは、スートの意味合いがもっとも純粋な形であらわれた状態です。はじめの一歩、ナンバー1、1位、など「1」のつく言葉からイメージを広げましょう。無から有を生み出すことから、創造性や活力もあらわします。

2

対立するもうひとつの要素
なにを選ぶか迫られる

ふたつの選択肢、二重性、二項対立などをあらわします。光と闇、男と女、物質と精神、善と悪、天と地など、対立要素の間で揺れ動いている、もしくはバランスを取ろうとしている状態です。ふたつのものからひとつを選びとるという意味で、「直観」というキーワードもあります。

3

愛と喜びをもたらし
さらなる変化が

ふたつの点にもうひとつ加わることで、三角形になります。異なるふたつのものを受け入れて、新しいものを生み出すことから、喜びや積極性、創造力や愛を意味します。父・子・精霊の三位一体を示す神聖な数とされています。小アルカナでは変化や喜びの場面が描かれています。

4

安定した状況に漂う
マンネリ感

点が4つあると、安定感のある四角形になるように、確実性や安全性の高い数です。同時に四大元素、四方向など、世界全体をあらわす数でもあります。小アルカナではどれも1カ所に安定している状態が描かれています。動きがなく、マンネリ化しやすいともいえるでしょう。

5

ドラマの流れが変化する
重要な分岐点

切り捨てや切り上げをする際の境界にあることから「5」はターニングポイントとなる数です。大きな変化が生じやすく、危険にさらされることも多いでしょう。小アルカナでは、戦いや貧困、衝突などそれまでの流れがかわる場面が描かれていることに注目してみましょう。

6

心に浮かび上がる
美徳と悪徳

六芒星が示すような、すべてを受け入れる愛の数です。その一方で甘えや依存をもたらす悪魔の数ともいわれており、どちらに傾くかはそのときしだい。小アルカナでは、調和に満ちた関係性が描かれていますが、カードを引いたとき、あなたが感じたことに注目してください。

7
その先を目指すために自分自身と向き合う

神聖さと、さらなる変化をあらわす「3」と、物質的安定を意味する「4」を組み合わせた数です。なんらかの成果を得つつも、現状に満足することができず、その先を目指そうとする様子や置かれた立場への葛藤が小アルカナでは描かれています。自己探求や知恵を意味する数でもあります。

8
壁を乗りこえることで次なるステージへ

横にすると「∞（インフィニティ）」マークになることから、無限のエネルギーをあらわしています。小アルカナでは、それぞれの方法で次のステージに向かう様子が描かれ、スピード感や進めかたに違いが読み取れます。逆境の克服や現状からの離脱、新たな展開を暗示する数といえます。

9
たどり着いたからこそ生まれる内省の時間

1桁の数の最大数である「9」は完成に近い状態をあらわし、あらゆるものを内包しています。すべてを高みから見下ろすような達観した状態であり、それと同時に自分自身を顧みる、精神的・物質的なゆとりがあります。〈ソードの9〉も、嘆き悲しむだけの心の余裕があるということです。

0
一定のピークを見た「終わり」の先にあるもの

「0」は本来、空白をあらわす記号でしたが、左についた数を倍増させるパワフルな数です。「9」でひとつの到達点を見た先に待っている展開、終わるもの、完成したと同時にはじまるもの、を暗示。小アルカナでは、迎えた結末の幸不幸の差がはっきりとあらわれているのが印象的です。

--- POINT ---

大アルカナも数でとらえると発見が

大アルカナの数（〈21世界〉は2＋1＝3など、2桁の数は分解して足し、1桁にする）が、そのカードを象徴します。〈6恋人〉と〈15悪魔〉は理想を意味する「6」、〈9隠者〉と〈18月〉が内省を意味する「9」になるなど、興味深い符合があります。

恋人　　悪魔　　隠者　　月

自分に都合のいい解釈をしがち……
的確に答えを出すには?

ポイントは質問のつくりかた

　なんとなく引いたカードを相手の気持ちと読んだり、未来の行く末と読んだり、アドバイスと読んだり。あいまいな状態で引けば、どうにでもとれるようなあいまいな答えしか返ってこないものです。気づかないうちに視点をすりかえていることも。

　でも自分に都合のいい解釈ばかりしていては、ただのなぐさめにしかなりません。

　それを防ぐために意外と効果的なのは、質問を口に出しながらカードをめくること。

「今のあの人の気持ちは?」などと、しっかり声にすれば、願望に引きずられて都合よく読んでしまうのを防げるでしょう。

　とくに気をつけたいのは最初にきちんと質問をつくること。どんな質問を投げかけるかによって、答えの鋭さ、的確さがかわってくるからです。

　ここで質問づくりのコツを紹介します。どのように質問を組み立てればいいか、仕組みがわかれば難しくありませんよ。

なにを占いたいかはっきりさせましょう

　タロットを手に取るのは、不安や迷いがあるときがほとんど。まずは占うテーマ、悩みごとはなにかを明確にしましょう。

　恋愛問題でも、出会いのなさなのか、恋をはばむ心理的要因なのか、行動を起こすべきタイミングなのか、今の恋愛運なのかで、使用するスプレッドもカードをめくったときの答えもかわります。

　ただし、理由はわからないけれどモヤモヤしたり、落ち込んでいるときもあるもの。その場合は現状を知るために、とりあえず1枚、「今の自分カード」(P126) を引いてみましょう。そこからなにを占うべきかが見えてくるはずです。

> なんだかモヤモヤしているんだけど原因は仕事? 恋愛?
>
> ⬇
>
> 仕事で上司に怒られたことが尾を引いているのかも……
>
> ⬇
>
> だったら仕事について占ってみよう!

自分の願いをしっかりともって

　なにかを知りたいと思うのは、「知ってどうしたいか」とセットのはずです。ただ彼の気持ちを知りたいだけなんてことはないでしょう。必ず「もっと話したい」「両思いになりたい」といった願いがあるものです。その願いに正直になることがとても大切。

　「どうせ両思いになんてなれないだろうけど……」という状態ではダメ。「自分はこうしたい」という意志をはっきりさせることが、答えを引き出すカギです。

　願いを実現するためにどうしたらいいか、というところまで質問が明確になったら、ぜひ占ってみましょう。きっと核心に迫る答えがもらえるはずです。

明日は怒られないといいなあ
上司の機嫌を占おうかな？

でも、そもそもミスをしなければ
怒られないはず……

ミスをせずにテキパキ仕事ができる
自分になればいいんだ！

そのためにどうしたらいいか
占ってみよう

願いが具体的にならないときは？

　とはいえ、最初からしっかり質問がつくれるくらい自分のことや現実の状況を把握できているのなら、そもそも悩んでいない、という人が大半でしょう。

　混乱した心や、置かれている状況を整理するためにも、タロットカードはつかえます。

　こんなときは質問を何段階かにわけてワンオラクルを繰り返すのがおすすめです。「今、私が最初に解決すべき問題は？」「そのためにどうしたらいい？」など、カードと会話をしながら、質問を重ねてテーマをしぼり込んでいくようにするといいでしょう。

　そのうちに願いがはっきりし、質問もぐっと具体的になるはずです。

仕事でミスをしてしまうのは
なにが原因？

仕事でミスをしない自分に
なるために心がけることは？

明日は仕事に対して、
どんな心構えで臨めばいい？

質問は5つにわけられます

　質問の落としどころを意識するのも重要。質問は、だいたい次の5つにわけられるはずです。自分が知りたいのは、現状なのか、誰か（自分も含む）の気持ちなのか、問題の原因はなにか、未来の行く末はどうなるのか、アドバイスはなにか。このどれかを悩んでいるテーマと組み合わせて「恋愛×問題の原因」「恋愛×未来の行く末」「恋愛×アドバイス」と言葉を入れかえながらイメージしていくことで、すべき質問が見えてきますよ。

現状

今の自分の状況が十分に把握できないときは、ここをテーマにして占いましょう。

- 私が置かれている状況は？
- 現在の運気はどうなっている？

人の気持ち

自分自身や他人の心理状態だけでなく会社や組織からどう思われているかも占えます。

- あの人はなにを考えている？
- 面接先の会社からどう評価されている？

問題の原因

願いの実現を妨げている要因はなにか、問題点や障害の有無を明確にします。

- あの人からなかなか連絡がこないのはなぜ？
- 面接で私がいつも上がってしまう原因は？

未来の行く末

これからものごとがどうなっていくのか、願いが実現する可能性はあるのかを占います。

- 今後、あの人からの連絡はくる？
- 面接当日はどんな雰囲気になりそう？

アドバイス

願いを実現するためになにをすべきなのか、心がまえなどを明らかにします。

- あの人と話をするために、私ができることは？
- 面接当日に私が心がけるべきことは？

こんなふうに質問をつくってみましょう

Case 1　なぜかイライラ……

　原因がわからないイライラを抱えた状態で、なんとなく占おうとしてもダメ。まずは気持ちを落ち着け、知りたいことを明確にしましょう。

　今回は「今の自分カード」を最初に引き、出た〈ソードのナイト（逆）〉のキーワードをきっかけに思いを巡らせ、友人とのケンカという原因を突きとめました。

　そこから自分はどうしたいのかを占うことにしました。この場合は関係の修復のためのアドバイスを聞いていますが、相手の今の気持ち、未来の関係性、気晴らしの方法などが質問になることもあるでしょう。自分がどうしたいのかによって決めましょう。

イライラしているのはなぜかしら

「今の自分カード」は
〈ソードのナイト（逆）〉
争いをあらわすカードだわ

ソードの
ナイト（逆）

一方的に友人を責めて
しまったけど、もしかしたら
いい分があったのかも……

誤解を解くために、
なにをしたらいいかを占おう

POINT

質問じょうずになれるフルオラクル

　質問づくりが上達する、おすすめレッスン法がひとつあります。それは「フルオラクル」、つまり78枚のカードでワンオラクルを行うというもの。カードの束を手にもち、「今、私が置かれている状況は？」「キーパーソンはいそう？」「どうしてそうなっているの？」など、人と話すようにタロットに質問を投げかけていくのです。合計78個の質問をすることになるわけですが、当然、途中で「もう質問が思い浮かばない！」ということになるはず。最初から78枚できる人はほとんどいないでしょう。まずは何枚できるか、自分の質問力を試すためにもトライしてみては。

Column 2

タロットノートは
上達の必須アイテム

　タロットを本格的にマスターしたいなら、ぜひノートを1冊用意して。占った結果を書きとめておく「タロットノート」を作成すると、結果を検証したり、あとで振り返ることができて便利です。

　さらにおすすめしたいのは、占いをするのではなく、1日1枚カードを見て、思ったこと、感じたことを3つ書き出す、というもの。思いつくなら10個でも20個でもかまいません。このとき、あなたのなかから自然に出てきた言葉を書くのがポイントです。

　〈魔術師〉なら「はじまり」「自信にあふれている」などテキストにのっているような言葉ではなく、「器用だけど調子がよさそう」「目立ちたがり！」「テレビカメラが回っているのかも」「実演販売の人っぽい」と、飾らない言葉で書いてみて。

　そうすると、次になにかを占って〈魔術師〉が出た際に、そこから生まれる解釈ができるようになるでしょう。

書き出した言葉には、そのときの心理状態があらわれます。あとで見返すと、何度も同じキーワードを書いていることも。それくらい、そのキーワードに執着していると解釈できるでしょう。

Chapter 2
応用編

カードの意味を自分なりに表現したり
スプレッドから物語をつむいだり
自由に読み解くコツを教えます。

自分の言葉で
カードを表現しましょう

カード1枚1枚の
キャラクターをつかんで

　78枚のカードすべてに目を通したと思えたら、カードの意味を自分の言葉で表現することに重点を移していきましょう。

　そのために大切なのは、1枚1枚のカードに親しみをもって接することです。カードを自分の言葉でいいあらわしてみましょう。カードに描かれている人物の性格や背景のストーリーを考えてみたり、身近にいる人や、漫画や映画の登場人物と関連づけてもいいかもしれませんね。

　そのうち「このカードは、こんなキャラクター」と際立って見えるようになるはずです。しだいに会話をするかのように、どんどん言葉が生まれてくるようになるでしょう。

　思いついた言葉はノートなどに書きとめておくと、あなただけのタロットキーワード集ができあがるのでおすすめです。

　カードを見ても言葉が思い浮かばないという人もいるかもしれませんが、それはまだ思ったこと、感じたことを自分の言葉で表現することに慣れていないだけ。続けているうちに、だんだん引き出せるようになっていくので、心配いりません。

　よく本を片手にカードをめくる人がいますが、これはもったいないこと。まずはあなたのなかから出てきた言葉を大事にしましょう。本は最後の確認のためにつかうくらいでいいのです。カードの解釈に正解・不正解はありません。どのように読み解いてもいいのですから、思ったことは気がねなく言葉にして。

会話をするように
タロットで占いましょう

　本に書かれたキーワードに頼らず、自分なりの言葉でタロットを表現する。ここまで到達してはじめて、タロット占いの本当の楽しさがわかってくる、といっても過言ではありません。どんな質問を投げかけようと、自然と言葉が次々と出てくるようになります。
　これこそがタロットを介した自分との会話といえるでしょう。ぜひこのあと紹介するアイデアたちを実践して、あなたもその境地を体験してみてください。

常識に縛られずに
自由に言葉にしてみて

　「Chapter2 応用編」では、カードから自由にイメージを広げる方法、それを自分なりの言葉にするヒントを紹介しています。またカード1枚1枚だけでなく、スプレッド全体からも自分なりの物語をつむげるよう、注目すべきポイントの見つけかたを解説しています。教科書から抜け出した、あなたらしいリーディングができるようになるでしょう。

覚えにくいカードを
すぐに読めるようにするには？

あだ名をつけてみましょう

　カードとなじむためにおすすめなのが、あだ名をつけることです。あなた独自の名前で呼んであげることで、他人行儀だったカードと友だちになったような親しみがわいてくるでしょう。

　大事なのは自分にとってしっくりくる名前をつけること。右のページに一例を紹介していますが、これを丸暗記するのでは意味がありません。あなたがいつでも感覚的にパッと「このカードだ！」とわかる名前をつけることが大切です。

　あだ名をつけることは、悪い印象を抱きがちなカードの克服にもなります。「人がうなだれている〈カップの5〉が出てしまった……」と深刻になるのではなく、「〈悲劇のヒロインカード〉が出るなんて！」ととらえたほうが、ちょっと気がまぎれ、客観的に受け止められるはず。

　深刻になりがちな思考を建設的に切りかえる作用もあるのです。

あだ名は好きなものでかまいません

　人にあだ名をつけるときのことをイメージしてみてください。名前や出身地などその人の属性にちなんだもの、外見から受けた印象、その人がとった特徴的な言動などからつけることが多いはずです。

　タロットカードも同様で、カードの意味合い、絵を見て感じたことを、そのまま言葉にするといいでしょう。

　なにかを占った結果からつけるのもおすすめです。臨時収入があった日に引いたカードなら「棚ボタカード」、誰かとケンカをしてしまった日に引いたカードなら「いざこざカード」など、「あのときに出たカードだ」と記憶にも残りやすくなるでしょう。

こんなあだ名はどうでしょう？

タンスのこやしカード

隠者

服を買うときに、このカードを引いたらもれなくタンスのこやしになるという実体験から名づけたカードです。理想を探求しすぎると、現実からかけ離れてしまう、つまり「実生活ではつかえない」という解釈になるのです。

開通カード

ワンドの8

8本のワンドが勢いよく飛んでいくカードで、スピーディーな展開を暗示。このカードが出ると、交通渋滞が緩和される、便秘が解消されるなどが起きたことから、滞っていたことが動き出すという意味で「開通カード」と名づけました。

やりくりカード

ペンタクルの2

不安定な状態に置かれながらも、柔軟に立ち回ろうとしています。背後にある船もバランスを取って荒波を進もうとしています。お金のやりくりに限らず、恋愛なら、ふたりの相手にいい顔をしていると読めるかもしれません。

プライドカード

ペンタクルの5

寒い雪のなか、みすぼらしい服に身を包み、教会の前を素通りする人。助けはいらないというプライドを感じさせます。それは見栄なのか、自分の力でなんとかしなければという責任感によるものなのか、見極めましょう。

鍼灸（しんきゅう）カード

ソードの10

痛々しくて嫌われがちなカードですが、見かたをかえたくて、あだ名をつけました。何本ものソードが刺さっているところだけでなく、自分の弱さや悪い部分と向き合い、次の段階へ向かおうとしているところも「鍼灸」とリンクします。

悲劇のヒロインカード

カップの5

出た瞬間にがっかりしがちなカードです。でも、背後にふたつのカップが残っていることに注目しましょう。現実から目を背け、かわいそうな自分に酔っているのではないかと自問自答するために、この名前をつけました。

テキストの意味にとらわれて かたい言葉しかうかびません

➡ 身近な光景に置きかえてみましょう

　タロットカードからうまく意味を広げられない一因は、描かれている人や光景が現代とかけ離れているからかもしれません。

　そこで、カードをあなたになじみのあるシチュエーションに置きかえてみましょう。描かれた人物が実際にいたらどんなことをいいそうか考えてみたり、カード同士が出会ったら、どんな会話をしそうかをイメージしてみるのです。周囲に〈愚者〉のような人はいませんか？〈ペンタクルの4〉のような状況になったことは？

　〈皇帝〉は、大企業に勤めている男性で、地位が高いものの、怖い印象を抱かれていて本音を話せる人がおらず、「一杯飲んで帰るか」と部下を誘いたくても誘えない……。これが〈皇帝〉の「トップの孤独」というキーワードにも結びつくでしょう。

　イメージを広げていくことで、カードの意味合いを、もっと自由に表現できるようになるでしょう。

フキダシをつけて会話させてみましょう

　もっとも簡単な方法が、カードにセリフをつけてみること。描かれた人物が、どんな生活をしているのかイメージしてキャラクターを動かしてみましょう。〈愚者〉なら、フラフラと歩きながら、あちこちで友だちをつくっていそうですね。誰かの悪口をいっていた直後に、その当人に会ったとしても平気であいさつするような調子のよさもあるかもしれません。

　〈ペンタクルの4〉なら、自分の得たものをなにがなんでも離さない欲深い人ですが、その様子はちょっとコミカルかもしれません。ただの遊びのように思えるかもしれませんが、こうしたイマジネーションこそが、タロット占いのベースになるのです。

愚者

ペンタクルの4

物語としてイメージしてみましょう

いくつかのカードを比較したり、関連づけながらイメージするのもおすすめ。ふくよかな〈女帝〉は、きっとスイーツが大好き。これは「喜び」や「豊かさ」というキーワードに結びつきます。それに対し〈女司祭〉は、規則正しく自分を律しながら無駄のない生活を送っていそうです。それが「清廉」「純潔」といった意味に発展します。このふたりに悩み相談をしたら、どんなふうにアドバイスをしてくるでしょう？ 自由に考えてみてください。

〈女帝〉〈力〉

なにが起きても動じることなくゆったり座っている、愛されキャラの〈女帝〉と、絶妙な力加減と愛の力でどうもうなライオンを手なずけている〈力〉の女性。もしもこのふたりが同じ職場にいたら、どんな会話をしているでしょうか？ 主導権を握っているのはどちらかイメージしてみましょう。

女帝　　　　力

〈吊るし人〉〈ワンドの10〉

2枚のカードを紙芝居のようにひとつの物語として読んでみましょう。
　〈吊るし人〉が吊るされている木はもしかしたら〈ワンドの10〉が運んできたものかもしれません。そうすると〈ワンドの10〉は、ただ重労働に疲れているわけではなく、良心の痛みも感じているかもしれませんね。

吊るし人　　ワンドの10

大アルカナの意味が抽象的で質問に合わせて応用しづらいです

大アルカナはタイトルがいちばんのヒント

「カードを見ても、言葉が出てこない」という人がいます。でも、大アルカナの場合、ヒントが目の前にあるということに気づいているでしょうか？

それはカードのタイトルです。〈魔術師〉〈司祭〉〈悪魔〉など、各カードにつけられたタイトルがそのカードの意味になります。見ればわかるのですから、覚える必要もありませんね。

質問を投げかけて、大アルカナのカードが出たら「占うテーマ＝大アルカナのタイトル」と考えてみて。

占うテーマは「意中の人の気持ち」、そして出たカードが〈太陽〉だった場合、「意中の人の気持ちは太陽」ということになります。そこから質問に応じて具体的なイメージを広げましょう。

覚えるのではなく、理解して、自分なりに表現する。創意工夫をこらすことが、タロットのリーディングのカギなのです。

自分なりのイメージを広げてみましょう

たとえば「意中の人の気持ちは太陽」といっても、これではまだなにをいっているかよくわかりませんね。「太陽」という言葉をかみ砕き、テーマに沿ってイメージを広げてみましょう。

明るい、くもりがない、開放感……といったイメージがわくなら「意中の人の気持ちは、明るくて一片の雲もなく開放的な気分」となります。裸の子どもの絵とあいまって夏休みをイメージしたなら「夏休みの子どものようなワクワクした気分」や「楽しい」となるでしょう。

どのようなイメージをもつか、それをどのような言葉で表現するかが大切なのです。

いろいろなカードでイメージしてみましょう

　最初のうちは「占うテーマ＝大アルカナの
タイトル」とざっくり考えるだけでかまいま
せん。「恋愛＝〈隠者〉」「仕事＝〈吊るし人〉」
など、組み合わせるとどんな言葉や光景が浮
かぶでしょうか？「恋愛＝〈隠者〉」なら誰に
もいえない恋心、「仕事＝〈吊るし人〉」なら忙
しくて身動きがとれない、となるかも。

　クイズのように繰り返し考えるうちに、ひ
らめきの回路が開きやすくなります。

解釈例

◆ 恋愛＝〈隠者〉
- ➡ 人目を忍ぶ恋
- ➡ 胸の内に秘める恋心
- ➡ 年の差恋愛

◆ 仕事＝〈吊るし人〉
- ➡ つらさを耐え忍ぶ
- ➡ ひとりで黙々と働く
- ➡ 逆境のなかでなにかをつかむ

質問内容に合わせてみましょう

解釈例

◆「相手はどんな人？」（人物像）＝魔術師
- ➡ 恋の魔術師
- ➡ 器用に恋をする
- ➡ 遊び人

◆「この恋をうまくいかせるには？」
（アドバイス）＝魔術師
- ➡ 恋の魔法をかける
- ➡ 相手を思いのままに操る

　慣れてきたら、占うテーマを具体的な質問
内容にまで落とし込んでみましょう。相手の
気持ちなのか、未来の行く末なのか、アドバ
イスなのかをしっかりわけたうえで、大アル
カナのタイトルとかけ合わせていくのです。

　恋愛について占って〈魔術師〉が出たとし
ます。相手の性格か、アドバイスか、どんな
質問を投げかけたかによって、得られる答え
はかわってきますよ。

― POINT ―

自分だけのキーワード集をつくってみては？

　ある程度、タロットに習熟しているものの
「最近、つまらなくなってきた」「当たらなく
なってきた」「読みがマンネリ化している」
という実感のある人は、もしかしたら最初に
覚えたキーワードだけで解釈するクセがつい

てしまっているのかもしれません。そんな人
ほど「タロットキーワード集」をつくって言
葉とイメージのブラッシュアップをはかると
いいでしょう。継続するほど、1枚のカード
から豊富な言葉を引き出せるようになります。

絵柄を見るだけで読み解きの手がかりを見つけられますか？

▼

色・人・スートに注目しましょう

　カードの大まかな意味をつかみたいなら、絵柄から最大限にヒントを受け取れるようになりましょう。

　まず重要な手がかりとなるのが色です。明るいカードはポジティブな意味をもつことが多いですし、暗いカードはネガティブな状況をあらわすことが多いでしょう。スプレッドを展開したら、全体の色調をチェックしてみると、そのときの心の状態があらわれているかもしれません。

　もうひとつは、描かれている人物の様子です。表情だけでなく、顔の向きも重要。どの人物に自分を投影するかによっても解釈はかわってきます。

　小アルカナに関しては、4つのスート、ワンド・ペンタクル・ソード・カップの配置やあつかわれかたもヒントになります。

　こうした部分まで意識するクセをつけておくと、読み解きのきっかけになり、冴えた解釈ができるようになるでしょう。

色の印象をチェックしましょう

赤
血の色であり、生命を象徴。ものごとにかける情熱の有無、愛情や積極性、男性性を意味します。〈皇帝〉〈司祭〉〈力〉など、権力やパワーをもつ人の服につかわれます。

青
空や海の色であり、冷静さや知恵、内省をあらわします。聖母マリアの色といわれ、純潔も象徴。〈女司祭〉やソード、カップのカードなどに多くつかわれています。

黄
太陽の色である黄は、実りや成長をもたらす色とされています。黄金とも結びつき、ペンタクルが黄色で描かれているほか、ワンドのコートカードは黄の服を着ています。

茶
大地の色である茶は、安定感や豊穣をあらわします。ワンドそのものが茶色で描かれているほか、〈皇帝〉やワンドのカードの背景に広がる大地などに用いられています。

緑
植物の色である緑は、若さや希望をあらわします。〈ワンドの7〉や〈ペンタクルのペイジ〉が緑の服を着ているほか、〈星〉〈月〉などの大地に緑が生い茂っています。

灰
宇宙の神秘をあらわす色。〈隠者〉がまとうローブが印象的ですが、〈正義〉や〈塔〉の石造りのものにつかわれています。〈審判〉でよみがえる人々も灰色です。

黒
闇の色である黒は悪魔や本能など、心のなかの秘密を暗示します。同時にものごとの終わりも象徴。〈死〉〈悪魔〉〈塔〉のほか、ソードの背景に多く用いられています。

白
光を象徴する色であり、純粋無垢や神聖さを象徴します。同時に女性性もあらわしており、〈女帝〉〈力〉〈節制〉のほか、小アルカナの各Aの手は白で描かれています。

人物の向きに注目しましょう

戦車

愚者

カップの8

人物が正面向き

描かれている人物が正面向きの場合、占った問題にしっかり向き合おうとしていることが多いようです。迷いがなく、心が決まっている状態とも読めるかもしれません。また当人の勢いの強さがあらわれることも。別の読みかたとしては、目の前のことに集中していて、ほかの可能性に意識が向けられていない場合もあるようです。

人物が横向き

人物が顔を背けて、横を見ている場合は、問題にきちんと向き合おうとしていないという質問者の態度があらわれていることもあるようです。あるいは問題を見たくない、見て見ぬふりをしている、見落としがあるとも読めるでしょう。相手の自分に対する気持ちを占った場合、その人に見てもらえていないという解釈も可能です。

人物が後ろ向き

人物が背中を向けている場合は、大事なことが目に入っていない、あるいは問題から逃げようとしているという質問者の姿勢が見て取れます。とはいえ悪いことばかりとは限りません。質問の内容によっては次のステージに進もうとしている、人生が移行するタイミングが訪れた、過去を振り返らないという解釈もできるでしょう。

--- POINT ---

スプレッド上の視線の行く先にも注目を

カードに描かれた人の顔の向きは意外と重要。スプレッドを展開した場合、カードに描かれた人物の視線の先に問題点となるカードが置いてあることも。相性占いはわかりやすく、いがみ合っているふたりの場合は背を向けるようにカードが出ていたり、両思いなら視線が交差していたり。こうしたことも重要なインスピレーションに。

ソードの7

カップのクイーン

スートに注目しましょう

ワンドの3

ソードの2

カップの5

スートの配置がまっすぐ

小アルカナのスートが、まっすぐに整然と配置されている場合は、そのスートの意味がストレートに出ている状態です。スートの示す信念（ワンドは情熱、ペンタクルなら物質、ソードは思考、カップは愛情）を貫いているともいえます。〈ワンドの3〉の場合、情熱の向かう先がさだまっていると読めるでしょう。

スートの配置が斜め

スートが斜めになっている場合は、スートの意味がゆがんで出ていたり、迷っている状態があらわれています。〈ソードの2〉の場合、相反する思考の間で迷っている、と読めるでしょう。ただし、斜めでも〈ワンドの8〉のように、平行に並んで空を突き進むワンドが「勢い」や「直進」をあらわしているケースも。

スートの配置が入り乱れる

複数のスートが交錯していたり、配置されている状況が乱れている場合、スートの意味が混乱したり、状況が不安定であるということを暗示しているようです。〈カップの5〉の場合、3つのカップが倒れて入り乱れていますが、直立して残ったふたつのカップが読み解きの重要なヒントになることが多いようです。

POINT

ペンタクルとカップもあつかわれかたをチェック

ワンドやソードなど、棒状のものとは違い、向きが出にくいペンタクルやカップも、どのようにあつかわれているかチェック。円は永遠をあらわすことから、環状に置かれたカップは永続する幸せを暗示することが多いでしょう。ペンタクルはつかまれたり、お手玉にされたりと、いろいろなあつかいをされているので、読み解きのヒントに。

ペンタクルの4

カップの10

人の数に注目しましょう

ソードの3

正義

ペンタクルの6

人が描かれていない

カードに人が描かれていない、つまり無人のカードはそれほど多くありませんが、〈月〉や〈運命の輪〉、〈ワンドの8〉などが挙げられます。運気や状況など、環境の変化を暗示していることが多いかもしれません。ただしハートが描かれている〈ソードの3〉は、その人の心のなかをあらわしていることも。

人がひとり描かれている

描かれている人物がひとりの場合は、基本的に占った当人として読むことが多いでしょう。〈正義〉の場合は、「今まさになにかを比べ、どちらかを選ぼうとしている」と読めます。その人が実際に置かれている状況をあらわしているのか、それとも心理状態をあらわしているのかは、直観で読み解くことが大切です。

人がふたり以上いる

カードにふたり以上の人物が描かれている場合、どれを自分として読むかが重要なポイントになります。〈ペンタクルの6〉の場合、お金を施している側を自分とするのか、それを受け取っている側を自分と取るのかによって、意味が大きくかわってくるでしょう。そのときのインスピレーションに従いましょう。

― POINT ―

人ではなく動物に投影されることもある

カードに描かれているのは人物だけではありません。ときに動物が読み解きに重要な意味をもつこともあります。〈力〉が出たら、女性ではなく、ライオンの側になる可能性もあるのです。また〈ペンタクルの9〉の女性は、手にとまらせている猛禽を自在に操る鷹匠ともいわれており、鳥に自分を投影する人もいるかもしれません。

力

ペンタクルの9

コートカードがみんな同じように見えてしまいます

人物のキャラクターをイメージしましょう

　小アルカナのうち、コートカードはダイレクトに人物像をあらわすカードです。具体的なシーンではないため、ほかのカードに比べて意味をつかみづらい、区別がつきにくいと感じることがあるかもしれません。そんなときは絵柄をじっくり見てみましょう。

　実は、コートカードはスート（ワンド・ペンタクル・ソード・カップ）ごとに、そのスートを象徴する同じ柄の服を着ていたり、背景が似ていたりします。また同じ〈ナイト〉でも、スートによって乗っている馬の色や動きが異なります。このように共通点や違いを見つけるとカードごとの意味を把握しやすくなるでしょう。

　実際の「人」としてイメージを広げるのもおすすめです。「4人のナイトのうち、私はどの人が好きかな」「4人のキングのうち、上司がどの人だったらうれしい？」といったことを想像してみてください。それだけで意味をつかみやすくなるはずです。

コートカードの階級を理解しましょう

　コートカードは、駆け出しの〈ペイジ〉、信念に基づいて行動を起こす〈ナイト〉、愛を表現する〈クイーン〉、そのスートのトップに立つ〈キング〉という4つの階級にわかれています。4種類のスートを、それぞれの家族とイメージしてみるといいでしょう。

キング（王）	**クイーン（女王）**	**ナイト（騎士）**	**ペイジ（小姓）**
当事者より年上（に見える人）、男性的、能動的で頼りがいのある人。	当事者より年上（に見える人）、女性的、受動的で愛にあふれている人。	当事者と同世代（に見える人）、エネルギッシュで行動的な人。	当事者より年下（に見える人）、中性的で純粋、初々しい印象の人。

4人のペイジを見比べましょう

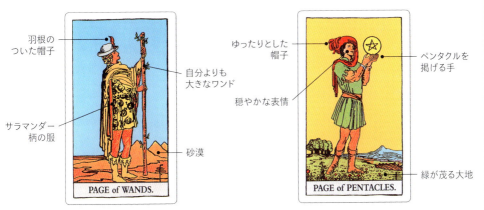

ワンドのペイジ

内なる情熱を秘め、少年の心を忘れない人。夢や希望を燃料に活動するタイプです。この人にとってはいかなる野次も情熱を失う材料にはなりません。世界中の人間が信じなくとも、熱意と根性で奇跡を起こせる人です。

ペンタクルのペイジ

まじめでひたむきな勉強家。時間を投資すること、そして努力することの価値を知っている人物です。この人は危ない橋には近づかず、もっとも安全で確実なルートを選ぶでしょう。慎重で堅実な人なのです。

ソードのペイジ

クールで頭の切れる現実主義者。常に自分のまわりをよく観察し、どんな状況にも即座に対応できるよう気を配っています。計算高く抜け目のない性格ゆえ、この人を敵にすると厄介かもしれません。やや神経質な一面も。

カップのペイジ

純粋で優しい心をもったアイデアマン。何気ないことからヒントを見いだし、役立てることが得意な人物です。少し夢見がちな傾向はあるものの、ほかの人にはない発想で世界を豊かにできる力を持っているでしょう。

4人のナイトを見比べましょう

ワンドのナイト

　自信に満ちあふれた冒険家。夢を語り仲間を率いてフロンティアに飛び出します。勝てない戦にも勢いで挑むような、猪突猛進でまわりのいうことが耳に入らないタイプです。常に先頭に立って活躍したがる目立つ人。

ペンタクルのナイト

　堅実な組織のブレーン。この人はなにかをはじめる前には実現する可能性を慎重に吟味し、勝てない戦には挑みません。そのかわり一度手をつけたことは必ずやりとげる責任感があり、頼りがいがあるでしょう。

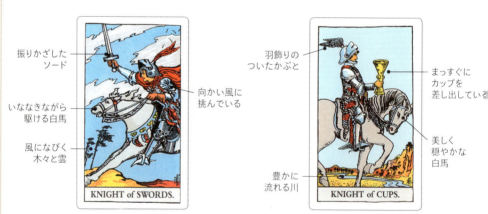

ソードのナイト

　聡明で決断力に優れた合理主義者。この人は目的地までの最短ルートを知っていて、それがどんな悪路でも果敢に切り込んでいく度胸のもち主です。集団行動よりも単独行動を好み、ナルシストな一面をもっていることも。

カップのナイト

　優しく誠実で頼りがいのある、まさに白馬の王子様です。翼の装飾は憧れを意味し、この人物が夢や希望に向かって真摯に取り組むことをあらわしています。歯の浮くようなセリフも、お世辞ではなく本心から。

4人のクイーンを見比べましょう

ワンドのクイーン

人を魅了するカリスマネゴシエーター。オープンな性格をしており、自分が心を開くことで相手の心も開かせてしまいます。この人の「お願い」にはなにか魔術めいた強制力があり、誰もあらがうことはできません。

ペンタクルのクイーン

与えることで多くのものを得る人です。作物を育てるには先に水を与える必要があるように、人を助けることで奇跡を起こします。この人の力で周囲は一致団結し、努力の末に大きな収穫を手にすることができるでしょう。

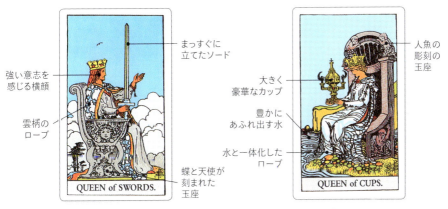

ソードのクイーン

ものごとの急所を見抜く目を持つアドバイザー的存在。この人の発言はいつも的を射ているため、周囲から一目置かれます。人の気持ちを理解する賢さと優れた感受性が、傷つきやすい一面となってあらわれることも。

カップのクイーン

感受性が豊かで、あらゆるものごとを受け入れる人です。この人の行動原理となるのは慈愛。悲しんでいる人がいれば一緒に涙し、喜んでいる人がいれば一緒に笑います。誰かを裁いたりせず、ありのままを愛します。

4人のキングを見比べましょう

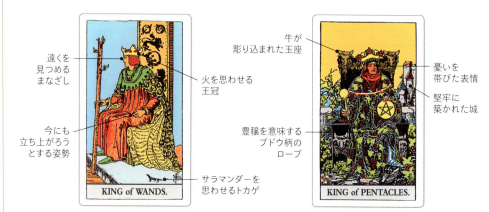

ワンドのキング

　強烈なカリスマと行動力をそなえる生粋の王。心身ともに強靭で、あらゆる逆境を覆す力をもっています。この人が「大丈夫」といえば、どんなに絶望的な状況でも希望が見えるでしょう。まさに頼もしいリーダー気質です。

ペンタクルのキング

　知識や人脈、お金など、努力によってあらゆる財産を手に入れる人です。王様らしくもてるものを出し惜しみせず周囲にふるまいます。まさに縁の下の力もちといったタイプで、影のリーダーとして集団を支えているはず。

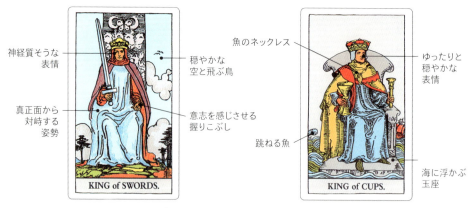

ソードのキング

　これまでに培ってきた知識と経験を武器に完璧なジャッジを下す人物です。自分にも他人にも厳しいタイプで、一切の甘えを許しません。知的でスマートな王ですが、ものごとをすべて理詰めで仕切ろうとする性質も。

カップのキング

　優しさのなかに確かな情熱を秘めた人です。この人は人生の荒波を経験し尽くしているので、どんなことでも許す懐の深さをもっています。俗世に興味がないともいえるでしょう。ただ、夢を追う熱さはまだまだ健在です。

気になることの多い人間関係を
簡単に占えませんか？

コートカード16枚だけで占えます

　コートカードは、人物像をあらわしているため「人と人」の関係性をわかりやすく占うことができます。ワンド・ペンタクル・ソード・カップ、それぞれのコートカード（ペイジ・ナイト・クイーン・キング）、合計16枚で相性占いをしてみましょう。

　方法はとても簡単。「自分と相手」「AさんとBさん」など、ふたりの人間を想定して、1枚ずつカードを引いて並べるだけ。組み合わせによる相性は、98ページから解説しています。わかりやすくふたりの人間をあらわすカードが出るので、相性が読みやすいでしょう。

　恋の相手に限らず、友だちや同僚など、性別をこえていろいろな人との関係性が、どうなっているのかを読み解くのに、とてもふさわしい占いかたといえます。

　よく練習すれば、どんな人との関係性もたった16枚のカードで読み解けるようになるかもしれません。

コートカードをつかった相性占いのやりかた

　カードの意味にとらわれすぎず、2枚並んだカードから、自由にイメージを広げてみましょう。個々のカードだけでなく、2枚セットで見たときの印象もチェック。

　お互いにそっぽを向いた状態で出ていれば、どこかかみ合わないところがあるのかもしれません。じっと見つめ合うように出たら、熱い思いを抱き合っているのかも。

　ふたりのキャラクターが出会うと、どんなドラマがはじまりそうか、想像力を働かせてみてください。

熱く見つめ合うふたり……

自分　　相手

心が通い合いにくいかも

Aさん　　Bさん

コートカード
組み合わせ相性

ふたりの関係性を、出たカードの組み合わせでひもといてみましょう。
関係をよりよくするアドバイスもぜひ参考にしてください。

ワンドのペイジ ◯
×ワンドのナイト

やる気満々の熱いふたり。ライバル心で競い合うこともありますが、兄弟のような雰囲気。〈ワンドのナイト〉が〈ワンドのペイジ〉を導くようにすると、スムーズな関係に。

ワンドのペイジ
×ワンドのクイーン

姉弟関係のようなふたり。お互いに好意はあるものの、相手に対する決めつけが災いに。〈ワンドのペイジ〉が〈ワンドのクイーン〉を敬う態度を見せると円満を保てるはず。

ワンドのペイジ
×ワンドのキング

師と弟子のようなふたりで〈ワンドのキング〉の懐しだい。〈ワンドのペイジ〉が慕っていることを理解し〈ワンドのキング〉が優しく見守る関係を築くとうまくいくはず。

ワンドのペイジ ◯
×ペンタクルのペイジ

タイプは異なるものの、不思議と意気投合するふたり。対等な関係を築けるので、居心地がいいのでしょう。対等な分、衝突したときは修復が困難に。素直に謝る勇気が必要。

ワンドのペイジ
×ペンタクルのナイト

ロマンティストと堅実な人の関係。〈ワンドのペイジ〉がやってみようとすることにシビアな現実を突きつける〈ペンタクルのナイト〉。良好な関係には歩み寄りが必要。

ワンドのペイジ
×ペンタクルのクイーン

かまわれたがりとあやす人の関係。〈ワンドのペイジ〉をあたたかく見守る〈ペンタクルのクイーン〉。〈ペンタクルのクイーン〉が方向性を決めて誘導すると建設的な関係に。

ワンドのペイジ
×ペンタクルのキング

精神年齢や経験値に差があるふたりで、お互いに相手になりません。〈ペンタクルのキング〉がフレンドリーに、〈ワンドのペイジ〉がまじめに接すれば関係を築けるのかも。

ワンドのペイジ ◯
×ソードのペイジ

人懐こい〈ワンドのペイジ〉と用心深い〈ソードのペイジ〉というでこぼこコンビ。話し手と聞き役というわかりやすい相性です。深いところまで干渉しなければうまくいくはず。

ワンドのペイジ ★
×ソードのナイト

いじられる人対いじる人です。〈ワンドのペイジ〉はムキになり、〈ソードのナイト〉はそれを見てからかうタイプ。掛け合いを楽しいと思えれば、円満になるでしょう。

ワンドのペイジ
×ソードのクイーン

悪びれない〈ワンドのペイジ〉のまっすぐな気持ちをくむ〈ソードのクイーン〉です。甘え、甘えられる関係から〈ワンドのペイジ〉が育っていけば、関係性が進歩するはず。

ワンドのペイジ ★
×ソードのキング

関心の向くのままにやる気を燃やす〈ワンドのペイジ〉を見て、信じられると感じる〈ソードのキング〉。お互いへのリスペクトをもち続けることができればうまくいくはず。

ワンドのペイジ
×カップのペイジ

少年と少女のようなふたり。なにかに興味をもつと〈ワンドのペイジ〉は自分も挑戦したくなりますが、〈カップのペイジ〉は共感で満足。この違いをお互い肯定できれば続く相性。

Chapter 2 応用編

- ♥ **恋愛によい相性**
  心が通い合い、恋が生まれやすかったり、恋が発展しやすい関係性です。

- ✕ **衝突しやすい相性**
  なぜかいい争いになったり、ぎくしゃくしやすい関係性です。

- ★ **仕事によい相性**
  ないものを補い合えるなどビジネスの場面において、有益な関係性です。

- ○ **友情によい相性**
  プライベートで話をしたり、遊んだりすると盛り上がる関係性です。

ワンドのペイジ ✕ カップのナイト

夢を求めるふたりですが、人とのかかわりかたが違うため、うまくいかないところも……。率直な〈ワンドのペイジ〉と理想を追う〈カップのナイト〉という互いへの理解が重要。

ワンドのペイジ ✕ カップのクイーン

率直な人とそれを受け止める人です。〈カップのクイーン〉の優しさに甘えて、〈ワンドのペイジ〉がやりたい放題になると問題が。思いやりでパワーバランスを保って。

ワンドのペイジ ✕ カップのキング

無邪気な人と見守る人、あたたかい雰囲気のふたり。〈ワンドのペイジ〉がわがままを抑え、〈カップのキング〉がすべてを理解して許容できれば、それなりの関係を築けます。

ワンドのナイト ✕ ワンドのクイーン

互いに挑発し合い、遠慮なく自分をぶつけられる気楽さがあります。気がかわりやすい〈ワンドのナイト〉に〈ワンドのクイーン〉がしつこくしなければ良好な関係が続くはず。

ワンドのナイト ✕ ワンドのキング

話が通じやすく、意気投合しやすいでしょう。有言実行の〈ワンドのキング〉に、情熱を語る〈ワンドのナイト〉は即座に行動。ふたりでいると、ことが運びやすいでしょう。

ワンドのナイト ✕ ペンタクルのペイジ

ものごとに対し、憧れを抱く人とやってやろうと意気込む人の関係です。指示を仰いでから動きたい〈ペンタクルのペイジ〉を〈ワンドのナイト〉が悪用しなければ良好に。

ワンドのナイト ✕ ペンタクルのナイト

猪突猛進派対現実目線の戦略派の関係。ツメの甘さを指摘された〈ワンドのナイト〉が〈ペンタクルのナイト〉に敵意を抱かなければ、それなりの関係を築けるでしょう。

ワンドのナイト ✕ ペンタクルのクイーン

戸惑いは感じるものの、まんざらではないふたり。元気な〈ワンドのナイト〉にパワーをもらう〈ペンタクルのクイーン〉が、親切でお返しする関係。役割を演じきれれば◎。

ワンドのナイト ✕ ペンタクルのキング

なにかをはじめる人と、すでに達成した人の関係。やる気に満ちた〈ワンドのナイト〉にはご隠居に見える〈ペンタクルのキング〉ですが、互いの利点に気づけばうまくいくかも。

ワンドのナイト ✕ ソードのペイジ

慎重な〈ソードのペイジ〉にとってチャレンジャーの〈ワンドのナイト〉はまぶしい存在。〈ワンドのナイト〉が〈ソードのペイジ〉を臆病者あつかいしなければ関係が成立。

ワンドのナイト ✕ ソードのナイト

よくも悪くも互いの存在を意識する関係。〈ソードのナイト〉の知性と〈ワンドのナイト〉の実行力が強味に。衝突しても仲直りできるので、腹を割ったつき合いが◎。

ワンドのナイト ✕ ソードのクイーン ♥

刺激を楽しむ人と理解力のある人で、心地よく過ごせる相性です。〈ソードのクイーン〉が自信を与え、〈ワンドのナイト〉が背中を押すことでかけがえのない関係に。

ワンドのナイト ×ソードのキング

相反する面をもつふたりですが、相性は悪くありません。〈ワンドのナイト〉が調子に乗りすぎず、〈ソードのキング〉が大目に見る立場を守ればうまくいくでしょう。

ワンドのナイト ×カップのペイジ

シャイで律儀な弟分と強がる兄貴分。〈カップのペイジ〉が話を鵜呑みにしてついていくので、〈ワンドのナイト〉もハッタリだけでは済まされず、微妙な関係になりがち。

ワンドのナイト ×カップのナイト

第一印象はいけ好かなく感じても、話すうちに理解に結びつきそう。〈カップのナイト〉は繊細ですが、〈ワンドのナイト〉が心配するほど引きずらないタイプです。

ワンドのナイト ×カップのクイーン

本音をぶつける〈ワンドのナイト〉を受け止める〈カップのクイーン〉。本音をいいすぎたときは、どのように申し開きをするかで、関係を修復できるかどうかが決まります。

ワンドのナイト ×カップのキング

先を急ぐ人とのんびりした人。テンポが合わないと感じるでしょう。見守る〈カップのキング〉は楽しめるはずなので〈ワンドのナイト〉が退屈しなければなんとかなるかも。

ワンドのクイーン ×ワンドのキング

情熱のまま精力的に動く〈ワンドのキング〉にワンマンさを感じながらも尊敬する〈ワンドのクイーン〉というふたり。〈ワンドのキング〉が相手を省みれば最高の関係に。

ワンドのクイーン ×ペンタクルのペイジ

キラキラした存在の〈ワンドのクイーン〉に、いろいろな意味で引けを感じる〈ペンタクルのペイジ〉。そのことで溝をつくらないために〈ワンドのクイーン〉が歩み寄れれば◎。

ワンドのクイーン ×ペンタクルのナイト

地に足をつけてことを進める〈ペンタクルのナイト〉と、楽しさを求める〈ワンドのクイーン〉という不一致感が際立つふたり。同じ目標を目指せば、協力体制を築けるかも。

ワンドのクイーン ×ペンタクルのクイーン

「相手のために」という思いは共通するものの、スタイルが異なるふたり。〈ワンドのクイーン〉の明るさで〈ペンタクルのクイーン〉を楽しませることができれば◎。

ワンドのクイーン ×ペンタクルのキング

器量のある〈ペンタクルのキング〉と、人としての魅力をもつ気高き〈ワンドのクイーン〉。すてきなふたりですが、〈ペンタクルのキング〉が独占欲に走ると亀裂が入る関係。

ワンドのクイーン ×ソードのペイジ

相手の思考が気になる〈ソードのペイジ〉にとって、オープンに接する〈ワンドのクイーン〉は心地よい相手。〈ワンドのクイーン〉からすると、気のまぐれな存在でしょう。

ワンドのクイーン ×ソードのナイト

欲しいものを与え合える関係。いろいろなことを話したい〈ソードのナイト〉に、最高のリアクションをくれる〈ワンドのクイーン〉。互いに気分よくつきあえます。

ワンドのクイーン ×ソードのクイーン

さっぱりしたつきあいのできる相性ですが、〈ソードのクイーン〉に無理強いをすると疎遠になる可能性も。なんでも言動で示す〈ワンドのクイーン〉は物足りなく感じそう。

ワンドのクイーン ×ソードのキング

奔放な〈ワンドのクイーン〉に新鮮さを感じる〈ソードのキング〉。良好な関係を築くはず。時間がたち、温度差を感じるようになったときに、譲歩できるかが決め手に。

ワンドのクイーン ×カップのペイジ

自信にあふれる姉御肌の〈ワンドのクイーン〉と、おどおどしながらも理想を追う〈カップのペイジ〉。姉御を慕う〈カップのペイジ〉が努力を見せていけば、うまくいくかも。

Chapter 2 応用編

ワンドのクイーン ×カップのナイト

基本的にはマッチするふたりですが、〈ワンドのクイーン〉の情熱に〈カップのナイト〉がついていけないと感じる傾向に。お互いに自分をどこまで出すか、さじ加減が決め手に。

ワンドのクイーン ×カップのクイーン

わかり合えるところはあるものの、タイプが違いすぎて歩み寄りにくいかも。強気な〈ワンドのクイーン〉が〈カップのクイーン〉を知らないうちに傷つける心配が。

ワンドのクイーン ×カップのキング

女王様対紳士の関係です。ジェントルな対応で女王様ぶりが増長すると問題が。〈ワンドのクイーン〉を立てつつ、〈カップのキング〉が手綱を握れれば乗りこえられそう。

ワンドのキング ×ペンタクルのペイジ ★

主従関係になりそうな相性。〈ワンドのキング〉を実利面で支える〈ペンタクルのペイジ〉という構図を目指せば、よいコンビネーションを発揮できそう。

ワンドのキング ×ペンタクルのナイト ★

なにごともやりとげる〈ペンタクルのナイト〉と、信念を通す〈ワンドのキング〉。目標をひとつにできれば、最後まで手を抜かない心強い関係に。お互い敵にすると手強いかも。

ワンドのキング ×ペンタクルのクイーン

互いに自慢できる相手という認識はあるものの、剛胆な〈ワンドのキング〉に〈ペンタクルのクイーン〉が不安を覚えて水を差す関係。違いを理解して助け合えるかが課題に。

ワンドのキング ×ペンタクルのキング

熱い〈ワンドのキング〉と穏やかな〈ペンタクルのキング〉。お似合いに見えますが、〈ワンドのキング〉の気の短さがトラブルの原因に。大人のつきあいかたが必要です。

ワンドのキング ×ソードのペイジ ★

相手の顔色をうかがう〈ソードのペイジ〉に、わかりやすく顔色を示す〈ワンドのキング〉というバランスのいいふたり。上下関係のあるシーンでは、自然とうまくいくはず。

ワンドのキング ×ソードのナイト

互いに認め合い、歩み寄って協力体制を築けるでしょう。ものごとをよく考えるからこそ生まれる〈ソードのナイト〉の迷いを〈ワンドのキング〉が断ち切って道を示す相性。

ワンドのキング ×ソードのクイーン ♥

熱血漢と冷静沈着な人という、でこぼこの関係。〈ソードのクイーン〉の冷静な言葉が〈ワンドのキング〉に自信を与えている限りうまくいくはず。互いを否定すると修復不能に。

ワンドのキング ×ソードのキング ○

情熱的な〈ワンドのキング〉と、冷静に分析する〈ソードのキング〉。ものごとへのアプローチは違っても、理解し合える相性です。「あなたらしいね」と笑い合えればいい関係に。

ワンドのキング ×カップのペイジ

すべてを思い通りにしようとする〈ワンドのキング〉と、言いなりに動く〈カップのペイジ〉。〈ワンドのキング〉が〈カップのペイジ〉をねぎらうことができるかがポイントに。

ワンドのキング ×カップのナイト

〈カップのナイト〉の意向に〈ワンドのキング〉が応えますが、いざ行動しようとすると〈カップのナイト〉が尻込みしがち。互いの真意を察することが、期待はずれ防止の秘策。

ワンドのキング ×カップのクイーン

外見だけでなく、内面的な共通点も見つけにくいふたり。〈ワンドのキング〉の決めつけるような乱暴な態度をどうにかしないと〈カップのクイーン〉は耐えられないかも。

ワンドのキング ×カップのキング

感性が異なるので、すべてに同意できませんが、お互いに一目置いてリスペクトしています。オレ様の〈ワンドのキング〉を〈カップのキング〉があしらえれば可能性あり。

101

ペンタクルのペイジ
×ペンタクルのナイト

まじめでひたむきなふたり。〈ペンタクルのナイト〉に憧れを抱く〈ペンタクルのペイジ〉を、うまく教え導くことができれば、子弟のようないい関係を築けるはず。

ペンタクルのペイジ
×ペンタクルのクイーン

あらゆることを欲する〈ペンタクルのペイジ〉に、なんでも与えたい〈ペンタクルのクイーン〉という需要と供給の組み合わせ。そのお返しを忘れなければ問題はないはず。

ペンタクルのペイジ
×ペンタクルのキング

責任感の強い〈ペンタクルのキング〉と身軽な〈ペンタクルのペイジ〉は、互いにうらやむ部分も。〈ペンタクルのキング〉が、余裕をもって接していければ長続きする関係に。

ペンタクルのペイジ
×ソードのペイジ

状況を気にする〈ソードのペイジ〉と、自分のことだけに熱心な〈ペンタクルのペイジ〉で、互いに疑問を感じるはず。着眼点が異なることを理解し〈自分は自分〉と考えて。

ペンタクルのペイジ
×ソードのナイト

勝手気ままに行動する〈ソードのナイト〉と、周囲への気づかいが足りない〈ペンタクルのペイジ〉というのが互いの印象。似た者同士なので、気に障るなら距離をとって。

ペンタクルのペイジ
×ソードのクイーン

一歩ずつ進む人と、いきなり結論を出す人の関係。〈ソードのクイーン〉の発言を〈ペンタクルのペイジ〉がプラスに受け止められるかどうかに左右される相性です。

ペンタクルのペイジ
×ソードのキング

目先のことに懸命になる〈ペンタクルのペイジ〉と、全体を見渡して判断する〈ソードのキング〉。歯がゆさを感じても、状況によってお互いの正しさを認めることが大切。

ペンタクルのペイジ ○
×カップのペイジ

わざわざ言葉にしなくても、なぜだか通じ合えるところのあるふたり。〈ペンタクルのペイジ〉の真直さと、〈カップのペイジ〉の思いやりは、異なるようで似ています。

ペンタクルのペイジ ★
×カップのナイト

穏やかな気持ちになれる相性ですが、抽象的な〈カップのナイト〉と現実的な〈ペンタクルのペイジ〉。互いのことを、異なる視点でものごとを考える人と理解できればOK。

ペンタクルのペイジ 💗
×カップのクイーン

至らない自分を見守り、いつでも向き合ってくれる〈カップのクイーン〉と、それに応えたい〈ペンタクルのペイジ〉。お互いへの誠実さを失わなければ、安泰の関係でしょう。

ペンタクルのペイジ ★
×カップのキング

学ぶ人とさとす人という相性です。ピュアでわかりやすい素直な〈ペンタクルのペイジ〉に、道を示す〈カップのキング〉という関係を確立できると、長いつきあいになりそう。

ペンタクルのナイト 💗
×ペンタクルのクイーン

実行力と頼りがいのある〈ペンタクルのナイト〉に安心して希望をゆだね、必要なものを与える〈ペンタクルのクイーン〉。現実的な結びつきを重んじるため、問題はないはず。

ペンタクルのナイト
×ペンタクルのキング

熟練の年長者〈ペンタクルのキング〉と修行中の若者〈ペンタクルのナイト〉。立場は違っても感覚が似ているので好感をもてる同士。協力し合えれば、いい関係を築けるはず。

ペンタクルのナイト
×ソードのペイジ

周囲を気にしておどおどする〈ソードのペイジ〉とマイペースに動く〈ペンタクルのナイト〉。「なぜそうなの？」と疑問を抱き合う関係。お互いもち味と考え、気にしないこと。

ペンタクルのナイト
×ソードのナイト

目の前のことに集中するふたりですが、〈ソードのナイト〉は周囲をまきこみ、〈ペンタクルのナイト〉はひたすら作業するタイプ。キャラが違うので接点はもちにくいかも。

Chapter 2 応用編

ペンタクルのナイト ×ソードのクイーン

感覚的な判断で本質に迫る〈ソードのクイーン〉と、経験を通じて理解を深める〈ペンタクルのナイト〉。納得できないとダメなふたりなので、しっかり言葉を交わす必要が。

ペンタクルのナイト ×ソードのキング

着実に目標に向かう〈ペンタクルのナイト〉と、冷めた態度の〈ソードのキング〉。〈ペンタクルのナイト〉が野心を丸出しにせず、ふたりの関係を築こうとすれば可能性が。

ペンタクルのナイト ×カップのペイジ 〇

現実的に行動していく〈ペンタクルのナイト〉を見て、憧れを抱く〈カップのペイジ〉。先輩・後輩、もしくは兄弟のような関係を築くと、発展性のある相性でしょう。

ペンタクルのナイト 〇 ×カップのナイト

理想を追う〈カップのナイト〉と現実を見る〈ペンタクルのナイト〉ですが、わかり合える部分も。べったりしすぎず必要に応じて行動をともにするとうまくいくはず。

ペンタクルのナイト ★ ×カップのクイーン

具体的な言動の〈ペンタクルのナイト〉に〈カップのクイーン〉が安心感を覚える関係です。〈カップのクイーン〉がサポートに回ることが関係を円滑にするカギ。

ペンタクルのナイト ★ ×カップのキング

道を踏みはずさないように歩む〈ペンタクルのナイト〉、それを評価してたたえる〈カップのキング〉。互いの行動の意図を理解でき、ともに「つかえる相手」と思っていそう。

ペンタクルのクイーン ★ ×ペンタクルのキング

人の役に立つことに喜びを感じるふたり。〈ペンタクルのキング〉の懐の深さと実力、〈ペンタクルのクイーン〉の寛容さがあれば、たいていの目標は実現。二人三脚で無敵に。

ペンタクルのクイーン ×ソードのペイジ

平和主義で保守的な〈ペンタクルのクイーン〉と、用心深く相手を疑う〈ソードのペイジ〉。守りの姿勢は似ているので志をひとつにできれば一緒にいる意味が出てきます。

ペンタクルのクイーン ×ソードのナイト

安全な道を選ぶ〈ペンタクルのクイーン〉と、果敢に道を切り開く〈ソードのナイト〉。反りが合わないふたりですが、譲歩して意見交換できれば、互いの力を引き出せるはず。

ペンタクルのクイーン ×ソードのクイーン

物質面にとらわれる〈ペンタクルのクイーン〉と、精神面を重んじる〈ソードのクイーン〉。相容れないふたりですが、人として成熟すれば理解できるはず。大人のつきあいを。

ペンタクルのクイーン ×ソードのキング

しっかり向き合える関係を求める〈ペンタクルのクイーン〉と、一定の距離感を保っておきたい〈ソードのキング〉。望みの違いを理解しようと努めることが第一歩。

ペンタクルのクイーン ♥ ×カップのペイジ

〈ペンタクルのクイーン〉の優しさに〈カップのペイジ〉が素直に飛び込めばばっちりでしょう。〈ペンタクルのクイーン〉は受け止める対象を求めているのです。

ペンタクルのクイーン 〇 ×カップのナイト

受け止め合えるふたり。よく話す〈カップのナイト〉とよく聞く〈ペンタクルのクイーン〉、どちらもその役まわりを心地よく感じているはず。穏やかな関係づくりがカギ。

ペンタクルのクイーン 〇 ×カップのクイーン

フィーリングの合うふたり。〈ペンタクルのクイーン〉は相手を受け入れ、〈カップのクイーン〉は相手に寄り添うことで尽くします。好みが似ている分、ライバルになることも。

ペンタクルのクイーン ♥ ×カップのキング

〈カップのキング〉の無償の優しさに誠心誠意、応えようとする〈ペンタクルのクイーン〉。一緒にいると心穏やかに、素直になれるはず。よろいをはずせる関係を確立して。

ペンタクルのキング ×ソードのペイジ

どんな人にも手を差し伸べる〈ペンタクルのキング〉と、相手を見定めたい〈ソードのペイジ〉。〈ソードのペイジ〉が相手を信じることが、関係を成立させるカギに。

ペンタクルのキング ×ソードのナイト

実直な〈ペンタクルのキング〉と要領のいい〈ソードのナイト〉。お互いのやりかたに疑問を感じるものの、自分の苦手部分を得意としている相手だとわかれば、関係に変化が。

ペンタクルのキング ×ソードのクイーン

すべてを受け入れる〈ペンタクルのキング〉と、自分を貫く〈ソードのクイーン〉。話せばわかり合える相性でも、求めるものの違いがネックになりそう。距離を保つのが正解。

ペンタクルのキング ×ソードのキング

人とつきあう際、優しさを重視する〈ペンタクルのキング〉と、サラッとした関係を望む〈ソードのキング〉。互いのやりかたを認め合うことができれば、よき相棒に。

ペンタクルのキング ×カップのペイジ ○

現実を見据える〈ペンタクルのキング〉と、夢見がちな〈カップのペイジ〉というでこぼこコンビですが、互いに信頼できる面があるはず。肩の力を抜いた関係を目指すと◎。

ペンタクルのキング ×カップのナイト ★

互いに理解しやすく、協力し合える相性。〈ペンタクルのキング〉の具体的な意見が、〈カップのナイト〉を勇気づけて導きます。信頼関係と協力体制を築けるといいふたり。

ペンタクルのキング ×カップのクイーン ♥

〈ペンタクルのキング〉の安定感と〈カップのクイーン〉の癒しの雰囲気がマッチして落ち着く相性です。真新しさやおもしろみはなくても、長くいるほどに愛着が増します。

ペンタクルのキング ×カップのキング ○

〈ペンタクルのキング〉は物理的に、〈カップのキング〉は精神的に相手を支え、人のためになることを目指します。太っ腹なふたりが互いに支え合う協力関係を築けるとベスト。

ソードのペイジ ×ソードのナイト ○

駆け出し中の人とバリバリ働く先輩のイメージ。先輩を見習う〈ソードのペイジ〉に、ダメ出しする〈ソードのナイト〉ですが、掛け合いを楽しめればよき刺激相手に。

ソードのペイジ ×ソードのクイーン

神経質な〈ソードのペイジ〉と、細かに思考を巡らせる〈ソードのクイーン〉は、思慮深いという点で一致します。〈ソードのペイジ〉が不安定さを克服できれば安泰。

ソードのペイジ ×ソードのキング

失敗を許さない〈ソードのキング〉に対し、緊張し続ける〈ソードのペイジ〉です。〈ソードのキング〉が〈ソードのペイジ〉に余裕のある態度で接することできるかがカギに。

ソードのペイジ ×カップのペイジ

心を気づかう〈カップのペイジ〉と警戒心をゆるめない〈ソードのペイジ〉は、異なるタイプではあるものの、相手を気にするところが共通点。ここに気づくことが第一歩に。

ソードのペイジ ×カップのナイト

つっぱっているように見受けられる〈ソードのペイジ〉に歩み寄りたい〈カップのナイト〉。〈ソードのペイジ〉が心を開くことができれば、それなりの関係を築けるでしょう。

ソードのペイジ ×カップのクイーン

心を閉ざしたような〈ソードのペイジ〉に関心をもつ〈カップのクイーン〉が、なんとかしてあげようとする関係。深入りしすぎない距離感を保てれば、うまくつき合えそうです。

ソードのペイジ ×カップのキング

心を開けない人と、心を開いてくれるのを待つ人という関係。人を信じられないのは、〈ソードのペイジ〉が未熟だから。〈カップのキング〉の寛容さに左右される相性です。

Chapter 2 応用編

ソードのナイト ×ソードのクイーン ★

合理的に動く〈ソードのナイト〉とリアルを見つめる〈ソードのクイーン〉には矛盾がなく、気持ちよくつき合えるふたりです。相手を出し抜かなければ良好な相性。

ソードのナイト ×ソードのキング

基本的に気の合うふたりですが、〈ソードのキング〉のキャリアへの自負と、〈ソードのナイト〉の競争心からの挑戦で衝突すると問題が発生。冷静に向き合えるかが重要に。

ソードのナイト ×カップのペイジ

〈カップのペイジ〉は素直ないい子ではあるものの、なにかと気にしすぎる面を重荷に感じるクールな〈ソードのナイト〉。人への接しかたの違いを理解できるかが課題に。

ソードのナイト ×カップのナイト

合わなくはないものの、表面的な関係になりがちに。物知りな〈ソードのナイト〉に関心を抱く〈カップのナイト〉ですが、相手は知らぬ顔。温度差を気にしなければ可能性が。

ソードのナイト ×カップのクイーン

言葉巧みな〈ソードのナイト〉と、その言葉にふりまわされる〈カップのクイーン〉。カップのクイーンがソードのナイトの発言を鵜呑みにせずにつきあえるかどうかが決め手。

ソードのナイト ×カップのキング

クール派と人情派のふたり。しっかり話せば理解できても、基本はすれ違い。ゆったり構える〈カップのキング〉に〈ソードのナイト〉がどこまでつきあえるかがわかれ道に。

ソードのクイーン ×ソードのキング ♥

厳格な〈ソードのキング〉も思慮深い〈ソードのクイーン〉の前では心を許せそう。損得の判断基準が似ていて、精神的に自立して向き合えればベストなパートナーに。

ソードのクイーン ×カップのペイジ

思いを伝えたいと願う〈カップのペイジ〉、その話を聞き、精神安定剤となる〈ソードのクイーン〉。〈カップのペイジ〉が依存しすぎない距離感を保てるかどうかがわかれ道。

ソードのクイーン ×カップのナイト ♥

相手の予期せぬ反応に戸惑いながらも、根底にある優しさを感じ合えるふたり。〈カップのナイト〉が歩み寄り、〈ソードのクイーン〉の優しさを引き出せれば有望。

ソードのクイーン ×カップのクイーン

人のことを理解できるふたり。情緒的な〈カップのクイーン〉と論理的な〈ソードのクイーン〉というスタンスの違いをふまえて、バランスを取れればうまくいくはず。

ソードのクイーン ×カップのキング

寛大な〈カップのキング〉と、人に共感する〈ソードのクイーン〉は、ものごとの本質を見ます。お互いの核心に迫るのは難しそうですが、根底には同じものがあると思えるはず。

ソードのキング ×カップのペイジ

デキる人を絵に描いたような〈ソードのキング〉と、優しさが長所の〈カップのペイジ〉です。お互いに引け目を感じず、認め合えればよいですが、否定的になるとNGに。

ソードのキング ×カップのナイト ♥

互いに触発し合うふたり。〈ソードのキング〉の態度に心揺さぶられる〈カップのナイト〉。その姿が〈ソードのキング〉を鼓舞するイメージ。ほかにない心地よさがクセに。

ソードのキング ×カップのクイーン

気持ちや状況の流れだけで動く〈カップのクイーン〉と客観的に判断する〈ソードのキング〉というアンバランスなふたり。違いを楽しむか、一方が合わせるか、どちらかに。

ソードのキング ×カップのキング ✕

基本姿勢は同じでも、心をくむ〈カップのキング〉と、クールな〈ソードのキング〉は相容れません。利害関係がからまなければ円満ですが、大人の対応で距離感を保って。

105

カップのペイジ ○
×カップのナイト

気づかいの程度が似ていて、一緒にいると心地よさを覚えるふたり。話しじょうずな〈カップのナイト〉を意識しすぎず、〈カップのペイジ〉が自分らしく接していければOK！

カップのペイジ ♥
×カップのクイーン

心のよりどころとなる関係。〈カップのクイーン〉が与える側に見えますが、〈カップのペイジ〉が〈カップのクイーン〉を受け止めて支えているところも。素直につきあえれば◎。

カップのペイジ ★
×カップのキング

心の深いところでつながれる相性。純粋な〈カップのペイジ〉と、徳のある〈カップのキング〉の関係なので、本質的な部分でつながるのでしょう。支え合えるとよりベスト。

カップのナイト ♥
×カップのクイーン

一緒にいて自然なふたり。感覚的に通じ合える安心感のある関係です。〈カップのナイト〉の言葉を心地よく聞く〈カップのクイーン〉が、素の自分を出せればより円満に。

カップのナイト
×カップのキング

人の気持ちを大切にするふたり。感覚は合いますが、〈カップのナイト〉が格好つけてうそぶくと、〈カップのキング〉は辟易。お互いを信じて自分を偽らないことが重要に。

カップのクイーン ♥
×カップのキング

心を許し合える相性。言葉がなくても安心できるふたりです。優しさを態度で示す〈カップのキング〉と、その理解者となる〈カップのクイーン〉の関係を築ければばっちり。

POINT

コートカード相性占いでは逆位置を採用しましょう

読み慣れていない人も、コートカード相性占いでは、ぜひ逆位置を採用してください。なぜなら、ふたりがその関係にどのような姿勢でかかわっているか、問題がどちら側にありそうなのかが、カードの正逆にあらわれやすいからです。

一方に逆位置のカードが出たら、その人は相手との関係に前向きではなかったり、逃げ腰になっていると読めるでしょう。どちらも逆位置だった場合、お互いに素直になることができず、関係がだいぶこじれているとイメージできます。

その場合、逆位置のカードを正位置の状態にするにはどうしたらいいかをイメージしてみるといいでしょう。正位置の状態、つまりねじれのない本来の姿に戻ることが、関係を改善するためのアドバイスになっているはずです。

自分　　相手

〈カップのクイーン〉が本来、示すような愛を「注ぎたくても注げない状態にある」というふうに読むこともできます。

Aさん　　Bさん

互いに鋭いソード（知性）で切り合っているイメージができます。一方がソードを下ろせば、きちんと話し合いができるのかもしれません。

自分　　上司

自分の側に出ている〈ペンタクルのペイジ（逆）〉が正位置になるためには、「コツコツ取り組む姿勢を見せるのがいい」と読めるでしょう。

いろいろな人と相性を占ってみましょう

このコートカード16枚の相性占いは、1対1の相性だけではなく、複数の人との相性やグループ内でいちばんのキーパーソンになるのは誰かなど、パワーバランスを見るのにも適しています。高い階級が出た人ほど、強い存在感をもっているといえます。

会ったことのない人がどんな人かを見ることもできます。「明日、新規の商談があるけれど、主導権を握るのは先方か、こちらか」といったことを占ってみるのもいいでしょう。

その際、参考になるのが4つのスートの相関図 (P71) です。火 (ワンド)・地 (ペンタクル)・風 (ソード)・水 (カップ) の力関係も解釈のヒントにしてみて。

またコートカード組み合わせ相性 (P98) から、相手のカードと相性のいい人をお手本にすると、いい関係を育めるでしょう。

Case 1 | 最近気になっている取引先の彼との相性は？

自分　　　　　相手
ワンドのキング　カップのキング

性格が異なるため、相容れない部分はあるものの、キング同士、互いに強い印象を残しているのは事実のようです。それぞれの視線が外を向いており、恋愛ムードにはなりづらそうですが、仕事で背中を預け合える関係になるとよいのかもしれません。

Case 2 | 職場のムードがいまいち　キーパーソンになるのは？

自分　　　　Aさん　　　Bさん　　　Cさん
ペンタクル　ワンドの　　ペンタクル　ソードの
のクイーン　ペイジ　　　のペイジ　　クイーン
（逆）　　　　　　　　　　　　　　（逆）

4つのスートがそろっていることから、部署全体のバランスはよさそう。ただし逆位置で出ている自分とCさんの間に、なんらかのこじれがあるようです。お互いを向いているため、今は距離があるものの、本当はじっくり話し合いたいと思っているのかも。

スプレッドをどこから読み解けばいいか迷ってしまいます

➡

まずはスプレッド全体を眺めましょう

　カードをスプレッドに配置しながらめくるか、すべて置いてからめくるかは自由です。映像のようにカードのイメージが頭のなかに入ってくる状態になるのが理想。途中で手を止めず、集中して一気にめくりましょう。

　このとき、途中で「過去の位置にこれが出ているから……」などと考えてしまわないこと。そうすると手が止まり、思考に邪魔されて、流れるように読むことができません。

　めくっている最中にハッとしたカード、「これは」と思うカードがあったなら、それが問題の核心となっている可能性が高いので、覚えておきましょう。

　すべてのカードをめくり終えたら、全体の印象をチェックします。個々のカードを読むのではなく、1枚の絵として眺めるようなイメージです。ワンドばかり、逆位置ばかり、大アルカナが少ない、暗いカードばかり……といった、ざっくりとした印象が、実は重要なヒントとなります。

スプレッドは均等に読まなくてもOK

　スプレッドを読み解く際、すべてのカードを均等にきちんと読もうとしないことです。

　設定した位置のもつ意味とカードの意味が食い違い、どうしても言葉にならない部分、解釈に迷う部分も出てくるはずです。それは無理に読まなくていいので飛ばしてしまって。むしろ目についた重要そうなところから読んでいくうちに、そのカードの意味合いとリンクしてくる部分が見つかるかもしれません。

　最後になってすべてのカードの謎が解けることも多いものです。

Chapter 2 応用編

全体の絵柄を眺めてみましょう

Case 1 | 恋の出会いがない理由はなに？

このスプレッドを展開して最初に目についたのは「全体にグレーの色合いのカードが多い」ということでした。

そのなかで、同じグレーの背景ではありますが、〈カップのA〉の黄金のカップの輝きが際立って見えます。

この場合、恋の出会いがほしいなら〈カップのA〉が示すような「自分からわき出る強い愛をもっと大事に表現したほうがいい」というメッセージと解釈ができます。「救いのカップ（愛）」というイメージでしょうか。

 過去
 最終予想
 現在
 障害となっていること
 近未来
 周囲（もしくは相手）の状況
 アドバイス

Case 2 | 仕事で行き詰まりを感じ転職したほうがいい？

全体に黒っぽい印象のスプレッドとなりました。黒は必ずしも悪い意味合いではないのですが、どこか重苦しい印象があります。

このなかで「潜在意識」の位置に出た〈ペンタクルの5〉に目がとまりました。本来はひもじさをあらわすカードですが、逆位置で出たことで足元にある白い雪が、光っているように見えたのです。

ここから「足元、すぐそばにある自分の輝きに気づいていない」というインスピレーションを得ました。

そこから「もう少し、現在の職場で学べることがあるのでは」という解釈をすることができるでしょう。

 近未来
 障害となっていること
 過去
 質問者の顕在意識（考えていること）
 最終予想
 質問者の願望
 周囲（もしくは相手）の状況
 質問者の潜在意識（感じていること）
 質問者が置かれている立場

109

スプレッドのなかで
どのカードがカギなのかわかりません

⬇

カードの強さに注目しましょう

　カードを展開してはみたものの、ピンとくるカードがそれほどなかった、どこから読めばいいかわからないという場合、意識したいのは、カードの強弱。

　手がかりとなるのが、大アルカナがどこに出ているかです。78枚のカードのうち22枚しかない大アルカナが出た部分は、ある種、宿命的で重要なカギを握っていることが多いでしょう。

　択一（P40）で占った場合、一方に大アルカナが出たら、「そちらの選択肢が優勢」と読むこともあります。

　次いで強いのが各スートのAが出ている位置。またヌーメラルカードも数によって強さが異なります。

　偶数・奇数に偏っているなど、特徴的な部分があったら、それも判断基準に加えてもいいかもしれません。

　カードの強さを意識することで、平面的に見えていたスプレッドの読みどころははっきりしてきます。解釈の糸口を見つけやすくなるはず。

78枚のカードの強弱を意識しましょう

　22枚の大アルカナは、問題における核となるできごと、あるいは質問者の意識が向いている部分を示していることが多いよう。

　次いで重要なのは、各スートのA。これはなんらかの「はじまり」や布石を暗示。最初のうちは、これ以外の2～10、コートカードが出た部分は、それほど大きな問題をはらんでいないと読んでもかまいません。むしろ重要なところを読んでいるうちに、小アルカナの意味が見えてくるようになるでしょう。

大アルカナ　　　小アルカナ　　　その他の小アルカナ

22枚（宿命的）　各スートのA 4枚（確定的）　52枚（日常的）

ヌーメラルカードの強弱を意識しましょう

　小アルカナのヌーメラルカードは、割り振られた数に注目してください。

　「四捨五入」というように、Aを除く4以下の数はまだはじまったばかりでいかようにでもかわりうる状態、一時的な状態であることが多いようです。5以上になるとしだいに重要性が増してきます。数が大きくなるほど問題が終盤に差しかかっており、まもなく結果が出ることをあらわします。

　時系列を占った際、「過去」よりも「未来」の位置にある数のほうが多ければ、勢いが増していることを、「過去」よりも「未来」の数が少なければ、勢いが衰えていることを暗示。質問した内容によっては「問題が終息しつつある」という解釈をすることもできるでしょう。

数の奇数・偶数を意識しましょう

　数は奇数と偶数にわけられます。もし、スプレッド全体を見て「奇数（もしくは偶数）が多い」などの偏りを発見したなら、意味があると考えて解釈に加えてみましょう。

　奇数は男性性、能動性、精神性、行動力をあらわします。それに対し、偶数は女性性、受動性、物質性、消極性をあらわします。

　奇数が多ければ、質問者がやる気にあふれ、問題に積極的にかかわっていこうとしていることのあらわれ。偶数が多ければ、起こるものごとすべてを受け入れようとしていることの象徴ととらえられるでしょう。

　同じ数字をもつカードが何枚も出ている場合は、その数の意味合いが強められていると解釈してもいいかもしれません。

重要な組み合わせの
カードってありますか?

➡

イレブンタロットに注目しましょう

　スプレッドにおいて、ある位置のカードが、実は根っこでつながっていたり、深く関連し合っている、ということはよくあるものです。それを見抜くためにとても便利なのが「イレブンタロット」です。

　22枚の大アルカナのナンバーを足して20になるカード同士をペアにしたもので、11セットできます。ただし〈運命の車輪〉と〈世界〉のみ、21になります。

　ペアとなる2枚は、あるテーマに関して正反対の性質をもっています。〈戦車〉と〈死〉は、「立ち向かう戦士」と「終わらせる死神」となりますね。

　スプレッドを展開した際に、イレブンタロットの組み合わせを見つけたなら、ペアの示すテーマが、なんらかの形でカギとなっていることがあるようです。

　〈皇帝〉と〈塔〉なら安定と崩壊というテーマが問題の核心になっていることも。

　もちろんすべての場合にあてはまるわけではありませんが、ヒントを見つけるときに参考にしてみましょう。

イレブンタロットの逆位置が出たときは?

　そもそも2枚のカードで正反対の意味になるなら、逆位置のことまで考えなくていいのでは、という人もいるでしょう。でも、微妙なニュアンスが異なるのです。

　たとえば〈司祭〉と〈悪魔〉は「神に仕える者」「神に背く者」という違いがありますが、〈司祭〉が逆位置で出たとしても、そのまま悪魔としてはとらえられませんよね。心に邪悪なものをもっていたとしても偽善者のようなふる舞いになるはずです。同様に〈悪魔〉が逆位置で出たとしても聖職者である〈司祭〉にはなりえません。正位置のときのカード自体の違いをよく理解し、イメージを広げましょう。

イレブンタロットのペアに注目しましょう

Case 1 折り合いが悪い後輩とうまくつきあうには？

相性を見るのに向いているヘキサグラムスプレッドで「相手」の位置に〈力〉、そして「自分」の位置に〈吊るし人〉という、イレブンタロットのペアがわかりやすく出た例です。

このペアのテーマは「動と静」。実際は〈力〉が出た相手のほうが、関係を改善しようとがんばっていて、〈吊るし人〉であるあなたのほうが、自分の殻にこもってしまっているのかも。「アドバイス」に出た〈ペンタクルの6〉からも、相手の善意を素直に受け止めることが必要かもしれません。

Case 2 新規プロジェクトが軌道に乗らないのはなぜ？

過去、意気揚々とスタートしたことが〈魔術師〉のカードからうかがえますが、現状に〈月〉が出ていることからも不安定でおぼつかない様子。ただしイレブンタロットで〈魔術師〉とペアになる〈太陽〉が最終結果に出ているのが象徴的です。

このペアのテーマは「スタートとゴール」なので、無事にプロジェクトは成功を収めるでしょう。アドバイスに出ている〈ソードの9（逆）〉から、悪い夢（妄想や疑心暗鬼）から覚めることが大切とも読めます。

113

大アルカナ
イレブンタロット一覧表

イレブンタロットの組み合わせと、各ペアでテーマになっていることをまとめました。

0 愚者 / 20 審判

眠れる若者と目覚めの知らせ

〈愚者〉はものごとがまだあやふやな段階を意味します。人物はずっと夢を見ていたいのでしょう。しかし、〈審判〉は決断のときがきたことを告げるカード。ラッパの音色が「早く起きなさい」と目覚めのときを告げます。

1 魔術師 / 19 太陽

スタート合図とゴールテープ

〈魔術師〉は新しい展開に臨み、期待と自信で胸がいっぱいの状態。これからパーティの準備をはじめるようにも見えます。〈太陽〉は喜びと最高潮を意味。宴の主役として会場を大いに盛り上げ、その達成感で晴れやかな笑顔なのでしょう。

2 女司祭 / 18 月

セパレートとグラデーション

〈女司祭〉は白黒はっきりわけたがり、対する〈月〉はなにごとも明言しないカード。月に照らされた世界は空と山、水すらも同じブルー。ルナティックなあいまいさとは逆に〈女司祭〉では細かい部分まではっきりと色わけが。

3 女帝 / 17 星

裕福な女性と純粋な乙女時代

〈女帝〉は豊かさを意味するカード。豪華な衣装はこの女性がすべてを手に入れ、満たされた状態だと物語っています。〈星〉は一糸まとわぬ姿ですが、この乙女は「これからなにかを手に入れる」という可能性に満ちた状態です。

4 皇帝 / 16 塔

スクラップアンドビルド

〈皇帝〉は安定、〈塔〉は破壊を意味するカードです。前者は組織や家族を守る秩序の力、後者はルールや常識などを破壊する力。ただ、このふたつは敵対するものではなく、古いものが刷新されていく過程、新陳代謝をあらわしているのです。

5 司祭 / 15 悪魔

人間の理性と動物の本能

〈司祭〉は理性やモラルを意味する聖職者のカード。彼は手前のふたりに神の教えを説いているのでしょうか。それに対し〈悪魔〉は欲望や快楽を象徴しています。〈司祭〉が教えを授けた者を誘惑し、堕落の道に引きずり込もうとするのです。

Chapter 2 応用編

6 恋人
14 節制

表面的な同調と真の理解

〈恋人〉が意味するのは同調。ふたりは言葉を交わさなくても感覚的に気が合い、楽しめる仲です。それに対し〈節制〉は長年連れ添った夫婦のような深い理解があります。異なる価値観を受け入れるように中身をまぜ合わせています。

7 戦車
13 死

生き急ぐ者と死を克服した者

〈戦車〉はこれから戦場へ向かい、〈死〉は戦いの終わりを見届けようとしています。不敵な顔の〈戦車〉は見送る者もおらず、どこか生き急いでいるよう。対する〈死〉は死者の余裕から、馬上から命乞いをする人間を見つめています。

8 力
12 吊るし人

能動的な強さと受動的な強さ

〈力〉は猛獣を前にしてもひるまず、みずからの手で状況を打開しようとしています。〈吊るし人〉は一見すると手も足も出ない状態ですがじっと耐えることで戦っている様子。静かに思案し、頭をつかって脱出するつもりなのかもしれません。

9 隠者
11 正義

ロマンティストと現実主義者

〈隠者〉はものごとの真理を探求するカード。目を閉じてうつむき、瞑想しているかのよう。対する〈正義〉は目の前にある現実に重きを置きます。こちらをまっすぐに見つめ、今にも口を開きそう。剣と杖、ふたりは持ち物さえも対照的。

10 運命の車輪
21 世界

ルーレットとその判定結果

〈運命の車輪〉は流れを意味します。このカードは常に現在進行形であり、決してストップすることはありません。それに対し〈世界〉はすでに結果が出た状態。ものごとがなんらかの完成を見て、幸せな状態にあることを示しています。

15 スプレッドのカードの意味を つなげられません……

「目に見えない糸」を見つけましょう

　イレブンタロット以外にも、カード同士が密接なかかわりをもっていることはよくあるものです。

　たとえば、構図やアイテムに共通点があったり、スートや数が同じだったり。

　過去に同じテーマを占ったときに出たカードが再び出たり、仕事を占ったときに出たカードが恋愛を占った際にも出るなど、結果がリンクすることもあるよう。

　とはいえ、それは「この組み合わせで出れば、つながりがある」と、単純にルール化できるものではありません。占った内容、読み解く人のコンディションやインスピレーションなどによります。

　そのとき、その人がその符合を見つけるからこそ、重要なヒントとなるわけですね。

　目をつけるべき場所、共通点が生まれやすいポイントを紹介しますので、「どこかにヒントはないかな?」と思ったときに、チェックしてみるといいでしょう。

1枚の絵を見るように見てみましょう

　スプレッドは、すべて並べたあと少し顔を離して、1枚の絵を見るように全体を見るのがコツです。そうすると共通点が見えてきたり、なんとなく違和感を覚えるところが浮きあがってきます。こうしたポイントが重要なカギを握っていることが多いのです。

　熟練してくると、カードをめくりながら、「さっきのカードと似ている」と気づけるようになります。さらに上達すると、カードをめくる前に「ここにこのカードが出る気がする」という予感どおりのカードが出ることもあります。こういうときは読みも冴えるもので、流れるようにほかのカードも読めるうえ、当たる確率も高いでしょう。

こんな共通点をチェックしてみましょう

ソードの2／ワンドのナイト／ソードの7
ペンタクルの4／ワンドの6／ペンタクルの9

似た構図や同じアイテム

構図やアイテムの類似は見つけやすいはず。〈ソードの2〉〈ペンタクルの4〉はイスに座る姿が共通点。〈ワンドのナイト〉〈ワンドの6〉は馬、〈ソードの7〉〈ペンタクルの9〉はポーズの雰囲気が似ています。

ワンドの10／ソードの3／ペンタクルの6
ソードの10／カップの3／ペンタクルの10

同じ数字、同じスート

スプレッドに特定のスートがどれくらい出ているかは、その問題に、エレメントの火（情熱）・地（物質）・風（思考）・水（感情）のなかでどの要素が深く関与しているかを見る目安になります。同じ数のカードも意味を調べてみましょう。

2回目
「○○の流れを知りたい！」

現在
戦車

1回目
「○○するにはどうすればいい？」

未来
戦車

過去に占って出たカード

ひとつの問題に質問をかえて複数のスプレッドを展開したとき、1回目に出たカードが2回目も出たら、そのカードがカギである可能性が高いでしょう。たとえば、かつて「未来」として出たカードが、時間を置いたあと「現在」として出ることも。

16

逆位置ばかり出ると読み解きかたがわからなくなります

➡

問題の核心があると考えてみましょう

　逆位置になると、カードの読みかたがわからなくなる人がよくいます。そのため、最初のうちは逆位置を採用しなくてもかまいませんとお伝えしていますが、スプレッドを展開した場合、たとえそれぞれのカードの逆位置の意味が取れなくても、逆位置で出たという事実からだけでも情報を引き出すことができます。

　そのひとつが、問題のありかをわかりやすく示してくれている可能性が高いということ。たいていの人はなにかの悩みについて占っていますから、こじれていたり、ねじれていたりする部分、つまり問題を抱えている部分に逆位置が出ることが多いようです。スプレッド全体のなかで、逆位置がどのくらい出たか、ほかのポジションのカードと比較してどうか、といったことも十分にヒントになります。

　逆位置を嫌わずに、うまく活用して読み解きを深めましょう。

ほかのカードと対比してみましょう

　逆位置で出たカードは単体ではなく、スプレッド全体を見ることで、より意味合いがクリアになってくることがあります。

　相性を占った際に、「相手」をあらわすポジションに正位置の大アルカナが出て、「自分」が逆位置の小アルカナだった場合、相手だけが強い思いを抱いているというふうに読むことができます。また「択一」で占った際に、逆位置が出た選択肢はスムーズにいかないと判断して、候補から除外するというつかいかたもあるでしょう。

　これはほかのカードと対比するからこそ見えてくること。逆位置で出た1枚にだけ気を取られず、全体を見渡すようにしてみましょう。

逆位置の割合に注目してみましょう

逆位置が多いと、読みようがなく戸惑ってしまうこともよくあります。この場合は、スプレッド全体から「質問者がその問題に対して前向きにかかわろうとしていない」と読み解くことができます。見て見ぬふりをしていたり、斜に構えていたり、問題があることに気づいていなかったり。本当はその問題を解決したいと思っていなかったりなど、本気さに欠けていることも。あまりにも逆位置が多いときは、こうした可能性も考えてみましょう。

逆位置ばかりのなかで1枚だけ出た正位置のカードには、質問者の本音が色濃くあらわれているかもしれません。

結果をかえるヒントと読んでみましょう

「未来」や「最終結果」に逆位置が出ると落ち込みがち。でも、こんなときこそ、スプレッド全体を眺めてみましょう。

スプレッドのうち、何枚かが逆位置で出た場合、核心となっているカードが逆位置から正位置の意味に戻れば（その要因が解消すれば）、ほかのカードも正位置になり、おのずと未来や最終結果もがかわって問題は解決する、というふうに読むこともよくあります。

逆位置のカードが示す「ねじれ」が解消すれば、結末もかわるというこの読みかたは、他人を占う際にもよくつかえます。

たとえばAのカードが逆だから、Bのカードも逆になっている、いいかえればAのカードが正位置になれば、Bのカードも正位置に戻る、という解釈ですね。

問題の原因　　未来
女帝（逆）　　星（逆）

問題の原因　　未来
女帝　　　　　星

Column 3

ユニークなタロットカードたちを
集めるのも楽しい!

　日本に流通しているタロットカードは数千種以上あるといいます。基本の意味を理解したら、どんどんほかのタロットをつかってみましょう。同じタロットでも絵柄がかわれば新鮮なインスピレーションを得られるはず。今までとは違う新しいリーディングができるでしょう。

ミニマザーピース ラウンドタロット

世界の古代神話をベースにしたタロット。ウエイト版とはまったく異なる世界観で描かれているため、カードから浮かぶ言葉を新しくしたいときにつかうのがおすすめ。円形なので正逆にとらわれることなく、絵柄からイメージを広げることができます。

ヘルメティック・タロット

秘密結社「黄金の夜明け団」によってつくられたタロット。惑星や星座のシンボルが描かれているため、占星術が好きな人はいっそうインスピレーションを広げやすくなるはず。神秘的なモノクロの線画が、占う際のムードを高めてくれます。

トランスフォーメーショナル タロット

古典の絵画を斬新にコラージュしたタロット。〈正義〉にはボッティチェリ作「プリマヴェッラ」の女神が描かれているほか、〈愚者〉が〈夢想家〉になっているなど、名称も独自にアレンジされています。新たなイマジネーションが広がりそう。

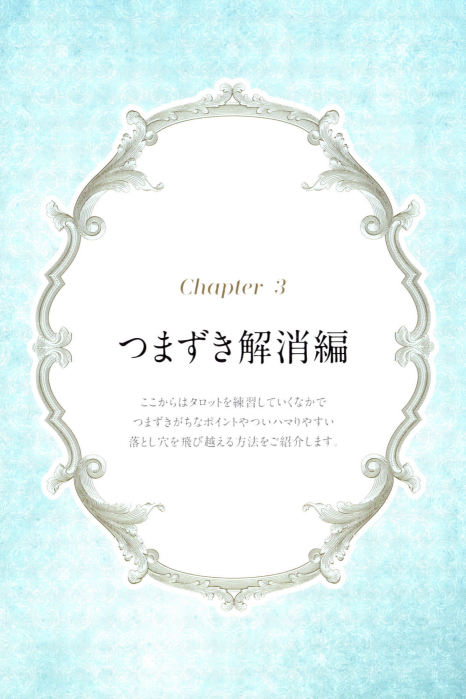

Chapter 3

つまずき解消編

ここからはタロットを練習していくなかで
つまずきがちなポイントやついハマりやすい
落とし穴を飛び越える方法をご紹介します。

中級者にありがちな
つまずきを解消しましょう

カードを信頼し
タロット挫折の壁を乗りこえて

　占った結果がいまひとつ当たっていない気がしたり、よくないカードが出ることが何度か続くと「もういいや」と、投げ出してしまう……。実はこれが、多くの人がタロットをやめてしまう理由。でも、あなたが占った願いや悩みは、そんなに簡単に諦められるものだったのでしょうか？

　たとえばこんな状況になったら、あなたはどうするでしょう。会議で、達成すればすばらしい利益が出るけれど、やるにはハードルの高い計画が出たとします。そこでやめるか、実現するためにどうしたらいいかを考えるか。
　タロットも同じです。恋を占って喜ばしくないカードが出たら、かなえるのは無理だから諦めようと思うか、それとも、だったらどうすればいいかを考えるか。

　質問者の意志、願いや悩みにかける思いの強さが問われるのです。熱意があれば、ネガティブなカードが出たとしても、そこからヒントを受け取ろうとするはず。

　「嫌な感じがするし、カードがうまく読めないからもういいや」と諦めてしまったら、そこで終わり。壁を乗りこえるために必要なのが、最後まで読み解く根気なのです。
　すべての偶然には意味があります。「このカードは私になにを伝えようとしているんだろう」とまずはカードを信じてみてください。

あなたとカードは
母と子の関係です

　タロットと読み手の関係は、赤ちゃんとお母さんに似ているかもしれません。赤ちゃんは言葉を話せませんが、お母さんは「こうしてほしいのね」と察知して、しっかりコミュニケーションを取っているはずです。

　同じことで、ものいわぬカードがどんなメッセージをあなたに伝えようとしているのか、子を見守る母親のような気持ちで向き合ってみてください。「もしかしたら、このカードはこういうことをいいたかったのかも！」と、カードとわかり合える瞬間がきっとやってくるでしょう。

出たカードにいちばんの
信頼を寄せることが大切

　そしてもうひとつ、親がもっているのは子どもを受け入れる力。カードというあなたの子どもがくれたメッセージを，まずは受け入れること。たとえうまく読めなかったとしても、それはカード（子）が悪いのではなく、占い手（母）が理解する状態に達していないだけなのです。出たカードを必ず読み解こうとする習慣をつけるだけで、リーディングのスキルは違ってくるでしょう。

　「Chapter3　つまずき解消編」では、いつも似たような場面で解釈が止まってしまう、もう少しここが読み解けるようになったら、といったつまずきを解消するヒントを紹介します。

　きっと「こうすればよかったのね！」と目からウロコが落ちることでしょう。

いつも同じ意味しか引き出せないカードがあります

視点をかえる工夫をしてみて

　タロットに慣れてくると、カードから引き出される言葉がマンネリ化してきてしまうもの。そうするとだんだん占うこと自体がつまらなくなってしまいます。

　そもそもカードの意味は、占う内容によってかわるはずです。〈悪魔〉は欲望へと誘う悪いカードだという印象を抱きがちもしれません。でも、関係が冷えきった夫婦を占ってこのカードが出たら、今より関係性が親密になると読めるかもしれませんね。

　別れたい恋人との未来に〈死〉が出たら、「あとくされなく別れられそうでよかった」という、本人にとってはいい結末にとれることも。解釈のマンネリ化を防ぐためには、あなたのなかにある「このカードはこういう意味」という先入観を取り除く必要があるのです。

　カードを見て違う解釈をイメージしたり、つかうカードをかえて新しいヒントを探したりしてみましょう。

イメージをガラッとかえて見てみましょう

　人目を忍んでこっそりなにかをしている〈ソードの7〉。表情から、ネガティブな印象を受ける人が多いでしょう。でも彼がもし、愛しい恋人のためにサプライズパーティの準備をしているところだとしたら？

　ひもじさに震える〈ペンタクルの5〉ですが、困っているなら背後の教会にかけこめばいいのに、それをしません。つまり意外とプライドが高いことを示しています。

　このようにカードの別の側面を見つけるレッスンをしてみましょう。

ソードの7

こっそりサプライズで贈り物をしよう！

ペンタクルの5

誇り高い自分は人に助けなど求めない！

普段とは違うカードをつかってみましょう

　頭を切りかえるのにもっとも簡単な方法は、カードをかえること。

　市販のタロットのほとんどは、本書で紹介しているウエイト版78枚の構成と同じ。個性あふれる世界中のアーティストが、タロットの世界を自分なりに表現しています。

　絵柄は違っていてもカードの意味はかわりません。でも目に入る情報が異なれば、自然と新しい解釈が生まれるでしょう。

〈塔〉

　『不思議の国のアリス』をテーマにした「ワンダーランドタロット」の〈塔〉です。ウエイト版では天の雷によって崩壊していた塔が、巨大化したアリスに耐えきれず、内側から壊しています。

　〈塔〉は「突然のトラブル」を暗示するカードですが、それはいったい誰が起こしたもの？と、想像をふくらませることができます。

〈太陽〉

　「ヴァンパイアタロット」の〈太陽〉です。吸血鬼にとって太陽は死をもたらす存在。では不吉なカードになるかというとそうではなく、吸血鬼として死ぬことは、呪われた魂の浄化、人間として解放される喜びを暗示しているのかもしれません。

　そうすると〈太陽〉が意味する「喜び」の意味が一段と深みを増してきますね。

カードをたくさん並べるスプレッドが読み解きにくいです

➡

「今の自分カード」を活用しましょう

　スプレッドを見ても、どこから読みはじめればいいのかわからない。読み解きのきっかけとなるヒントがほしい。そんなときにおすすめなのが「今の自分カード」。

　シンプルに「今の自分の状態は？」と質問をしながら、1枚カードを引くだけ。出たカードが、スプレッドを読み解くヒントになることがとても多く、私も、今では鑑定前に必ず引くようにしています。

　「今の自分カード」として大アルカナのカードが出たら、「今日のリーディングは重要な結果が出そう」と読めるでしょう。

　小アルカナなら、スプレッドに同じスートや同じ数のカードが出ていないかチェックしてみて。

　スプレッドに出たカードを「今の自分カード」と関連づけながら解釈することで、物語が生まれやすくなるでしょう。

　あなたも「今の自分カード」をぜひ習慣にしてみてください。

「今の自分カード」はいつ引いてもOKです

　「今の自分カード」は、上から1枚目、上から何枚目と決めておいても、好きなところから1枚引いてもOKです。自分のスタイルを決めておきましょう。

　引いたカードは、カードの山に戻してしまってもいいですし、なにが出たか忘れてしまいそうなら横に置いて、占いをはじめてもいいでしょう。

　鑑定前に引いておくとリーディングがしやすくなりますが、「スプレッドを展開したけど、まったくわからない！」というときに、あとから1枚、引いてみるのもおすすめ。スプレッドを読み解くいいヒントを与えてくれるでしょう。

読み解きに生かしてみましょう

Case 1　ケンカしてしまった友だちと関係を改善するには？

「現在」に〈ワンドのクイーン（逆）〉が、「過去」に〈カップのナイト〉が出ていることから、感情的な行き違いがあったと見受けられます。

でも「相手の気持ち」は〈ソードのナイト〉なので、話し合いたい気持ちがある様子。

さらに「今の自分カード」に〈ペンタクルのナイト〉が出ているので、ナイト同士で向き合う覚悟ができているのでは？

あとは「アドバイス」に出ている〈ワンドの4〉が示すように、話し合いの場さえ用意すれば仲直りできそうです。

Case 2　会社の業績が悪化……転職活動をすべき？

最初は楽しく働いていたようですが、〈月（逆）〉が示すように職場環境の現実が見えてきて「こんなはずでは」と思っているのかも。「今の自分カード」として出た〈ソードの2〉からも、続けるか、転職するかといったふたつの選択肢を抱えて様子見をしていることが読み取れます。

「アドバイス」と「最終予想」に2枚のAが出ていることから、「お金〈ペンタクルのA（逆）〉を取るか、やりがい〈ワンドのA〉を取るか」という問題なのかもしれません。

いい言葉が思い浮かばず
占いに時間がかかってしまいます

3秒ルールを徹底しましょう

　カードを見ても、なにも言葉やイメージが浮かばない、ということもあるでしょう。そんなときは、カードをめくって3秒以内に感じたことを言葉にしてみて。なぜ3秒かというと、時間をかけると余計な思考が働いてしまうから。「このカードはこういう意味で、この位置に出ているから……」と考えはじめると、都合のいい読みかたをしてしまったり、いつも通りのマンネリの解釈に陥ってしまうのです。

　タロットを読むうえで大事なのは直感です。カードをめくって、パッと見たときに自分のなかにわき上がってきたものはなんですか？　不安なのか、喜びなのか、やましさなのか……。それこそが、カードを通じて、あなたの潜在意識から引き出された答えなのです。

　「考えるのではなく、感じる」。これが、本当の意味で「当たる」リーディングのコツといえるでしょう。

「感じる」ことと「考える」ことは違います

　自分に自信がないという人に、自分でカードを引いて、見た瞬間に思ったことを口にしてもらったことがあります。

　出たのが〈ペンタクルの9〉で「こういうキラキラした女子と自分を比較してしまうクセがあるんです」といっていました。

　本来〈ペンタクルの9〉にそういった意味はありません。でも、カードを見てそう感じたなら、それがその人にとっての正解。

　これを「周囲からの引き立て」「地位を得る」などと教科書通りに解釈するのは思考の働き。考えるのではなく感じるとは、こういうこと。それを自分の言葉で表現できるのはなおいいですね。

カードを見て「感じる」レッスンをしましょう

なにが直感なのかわからない、言葉が浮かんでくる感覚がつかめない人もいるでしょう。そんな人のために編み出したレッスンが「フルオラクル」です。これは質問をタロットに次々と投げかけていくもの。質問づくりの練習法としても紹介しましたが（P77）、3秒ルールの練習にもなるのです。

78枚のカードを手にもち、質問を投げかけて1枚めくる。浮かんだ言葉を3秒以内に口にしてさらなる質問をし、カードをめくって……と繰り返していきます。

イメージするなら、友だちとの会話。「これってどう思う？」「でもこっちのほうがいいかな？」とタロットに質問を次々としていきましょう。言葉に詰まってもいいので、あまり気負わないのがポイント。78枚すべてのカードでできるようになるのが理想ですが、最初は10枚くらいでOK。

あとから内容を検証したいなら、ボイスレコーダーなどで録音しておくといいかもしれません。質問だけでなく、出たカードの名前も読み上げると復習しやすいでしょう。

塔

3秒で読むと……
- すべてが1からやり直しになる
- 足元が揺らぐようなアクシデント
- なにかが起こりそう

LUAなら……

悪いイメージの〈塔〉ですが、落下する人の表情が楽しげに見えました。そこから「思いきって飛び込む」と連想。

審判

3秒で読むと……
- 過去のできごとがよみがえる
- 病院で治療を受ける
- 今までしてきたことのツケを払う

LUAなら……

死者がお風呂につかる様子に見え、「温泉」というイメージが。疲れがとれてよみがえるのでカードの意味とも合致。

ワンドの8

3秒で読むと……
- 強風でものごとがスピードに乗る
- 行く手をはばむフェンス
- アスレチック、展望台

LUAなら……

ワンドがパスタに見えました。葉をバジルとするならジェノベーゼ。メニューを占う際はこうしたインスピレーションも。

こんなふうにフルオラクルをやってみましょう

今日も残業で疲れたな。
どうして私は
仕事が遅いんだろう……

ソードの7

大事なことから目を
そらしているということ？
それってなに？

カップの8

遠い先（目標）ばかり見ていて
足元を見ていないのかな。
それを改善するには
どうしたらいい？

ワンドの3

帰り道の夜空に似てる……
残業前提で仕事をするのを
やめたほうがいいのかも。
そうしたら人生はどうなる？

ペンタクルの
クイーン

実りをあらわすカード。
なんだか結婚しそう！
そういえば今度のイベント、
いい出会いはありそう？

ソードのペイジ

過去をあらわすカード……
昔の知り合いに会うのかな？
どんな服で行けばいい？

カップの6

鋭いソードだから
ちょっとシャープで知的な
雰囲気がよさそうね

フルオラクルはカードの意味を考えるより
も絵柄を見てパッと思い浮かんだことから、
次々と連想を広げていくのがコツです。すべ
て3秒以内に答えを出すように意識してみて
ください。

タロットとの会話を楽しみましょう

　フルオラクルのポイントは、思考が働く隙を与えないよう、間髪入れずに言葉をつむぐこと。ときには意味のわからないワードが出てくることもあるかもしれませんが、実は予定調和ではない言葉にこそ、本音があらわれているものです。意外な言葉が出てきたらよく考えてみましょう。きっと思いがけない結論につながるはずです。

　タロットカードが心を映す鏡だとするなら、フルオラクルで引き出された言葉はすべてあなたの心そのもの。もしも時間と体力があるなら、78枚すべてのカードをつかったフルオラクルにも挑戦してみてください。

「感じた」ことからリーディングをはじめましょう

　フルオラクルでレッスンした、言葉をつむぐ感覚を実際のリーディングのときにも思い出して。まずはカードをめくったときに感じたことに注目し、言葉にしましょう。質問した内容とリンクすることがあるかどうか、考えてみて。スプレッド全体を見たり、イレブンタロットや正逆の割合、時系列の流れなど、細かい部分を見るのはその後でもかまいません。思考が働く前に感じたことを優先してリーディングをしてみてください。

POINT

友人と一緒にするとインスピレーションが広がります

　3秒ルールのフルオラクルは、ひとりではなく複数でやるのもおすすめです。1枚のカードを見て、浮かんだ言葉を思い思いに口にしてみましょう。このとき、タロットをまったく知らない人を交えると、予想外の言葉が出てきて楽しいものです。
　ただしあまりに飛躍すると連想ゲームになってしまい、占いとして成り立たないので、本来のカードの意味を意識しながらトライするようにしましょう。

逆位置の意味まで覚えられず読み解きが止まってしまいます

3つの基本パターンを理解しましょう

多くの人がつまずくポイントである、逆位置の意味。さかさまのカードが出た瞬間、落ち込む人もいるかもしれません。初心者のうちは逆位置を採用しなくてもかまいませんが、できるようになったほうが、解釈の幅が広がるのは確か。

逆位置も意味を丸暗記するのではなく、まずはパッと目についた場所やわき上がったインスピレーションから解釈を広げることが大切です。

それでもわからなかったら、まずは正位置の意味でとらえてみてください。「本来こういう状態であるべき（正位置）だけど、そうなっていない状態」だからです。そこから、ここで紹介する、正位置の状態が「①正反対」「②ネガティブに出ている」「③到達していない」という、3つのパターンへ応用して。これをマスターすることで、きっとどんな場面で逆位置が出ようと解釈ができるはずです。

まずは直感的に読んでみましょう

さかさまになったカードから、どんなインスピレーションがわくか、実際にやってみましょう。カードが逆になると、正位置のときには気にとめていなかった部分が目につくかもしれません。また、さかさまの絵柄から本来の意味とは別の物語が見えてくることも。

〈戦車〉が正位置だったらまっすぐに突き進みそうですが、逆位置だった場合、逃げ出したり、間違った方向に進んでしまったり、逆走しそうなイメージがあります。もしくはすでに事故にあい、横転した状態に見えるかもしれません。そうすると若者はストレッチャーに乗せられた患者、2頭のスフィンクスは看護師にも見えてきませんか？

戦車

正位置

逆位置

カードをさかさまにして眺めてみましょう

正義

正位置 　　　　　逆位置

　正位置で出れば、善悪の判断を公平に下す〈正義〉。逆位置に出たことで、右足の白い靴が少しだけはみ出しているのが目についたとします。そこに「本心を隠している」「実はどちらかに肩入れしている」というイメージが生まれるかもしれません。

ソードのクイーン

正位置 　　　　　逆位置

　正位置では、強い意志を表明するかのようにりりしく剣を掲げる〈ソードのクイーン〉ですが、逆位置になると、その剣が画びょうやつまようじのように見えます。さしずめチクチクと小言をいってくる先輩のようなイメージでしょうか。

ソードの3

 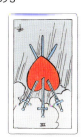

正位置 　　　　　逆位置

　正位置でも痛々しい〈ソードの3〉ですが、逆位置になると剣の柄が下側に来るため、不思議と落ち着いたように見えます。そこから「長引く心の痛み」「つらい状態に酔いしれ、ひたっている」という解釈をしてもいいかもしれません。

ワンドのA

正位置 　　　　　逆位置

　力強く棍棒を握った〈ワンドのA〉。この手の形は「グッド」や「いいね」というジェスチャーにも見えます。それがさかさまになると「ブーイング」のハンドサインに。そこから「周囲の反発にあう」「不評を買う」という解釈もできるでしょう。

解釈の3つの基本を理解しましょう

ここでは3種類の逆位置解釈のパターンを紹介していますが、意味がまるっきり違うため、「結局、どれを採用すればよいの？」と迷う人もいるでしょう。それも含めて、あなたの判断なのです。逆位置のカードは出た瞬間に悲観しがちですが、なにをどう読むかのさじ加減はあなたが決めること。カードにすべてをゆだねるのではなく、自分で決めるという意志をもちましょう。

①カードの意味が
　正反対に出ている
②カードの意味が
　ネガティブに出ている
③カードの意味に
　到達していない

星
KEYWORD　希望

❶ カードの意味が正反対に出ている
　➡希望がない、希望が消える
❷ カードの意味がネガティブに出ている
　➡間違った希望（目標）にすがっている
❸ カードの意味に到達していない
　➡希望を実現するには遠い道のりである

ワンドの7
KEYWORD　奮闘

❶ カードの意味が正反対に出ている
　➡怖気づいている、不利な状況にある
❷ カードの意味がネガティブに出ている
　➡苦戦を強いられる、負ける見込み
❸ カードの意味に到達していない
　➡気力や体力が高まっていない

―― POINT ――

ポジティブな意味になる逆位置

逆位置になるとカードの意味が悪くなるとは限りません。もともとの意味があまりよくないカードは、ポジティブな解釈になることもあります。

代表的なのは〈月〉。正位置だと〈おぼろげであいまい〉という意味ですが、逆位置だと、月が沈んで朝がくることから「状況がしだいにはっきりしてくる」と読む場合が多いようです。

このほかに〈カップの5〉は倒れたカップのなかでも無事に立っているふたつのカップに焦点を当て「悲しみから立ち直る」と読めます。また静かに休んでいる〈ソードの4〉を逆位置にすると「休息の時間が終わり再始動する」と読めるでしょう。

これ以外のカードでもポジティブなイメージがわいたなら、それを採用してもかまいません。

Case 1 | 気になる彼の今の心理状態は？

節制（逆）

　水に片足を入れている〈節制〉のカードがさかさまになると、地に足のついていない状態に見えます。まるで地に落ちていくかのようです。かたく閉じられた目も他人を拒絶しているように見えます。
　正位置であれば「わかり合う」という意味になりますが、「どうせわかり合えない」という、諦めの心境にも見えるでしょう。今は心を閉ざしているのかもしれません。

Case 2 | 資格試験の勉強がはかどらない原因は？

原因　　　　結果　　　　アドバイス
正義（逆）　ペンタクルの　世界
　　　　　　ナイト（逆）

　原因として〈正義（逆）〉が出ており、勉強がはかどらないのは自分のせいではないと甘えた考えかたをもっていることを指摘。結果の〈ペンタクルのナイト（逆）〉は、正位置なら地道な取り組みを意味するものの、逆では惰性が生じている様子。アドバイスが〈世界〉で「最後までやりきること」を示唆しているため、気合いを入れ直し、手を抜かなければ上々の結果になるでしょう。

Case 3 | 現在の職場と私の相性はどう？

　全体にカップが多い配置になりました。相手（会社）は〈カップのクイーン〉で質問者に愛を注いでいるのがわかりますが、現在の〈カップの7〉、質問者の気持ちの〈カップの10（逆）〉を見るに、今の職場にマンネリを感じ、飽きてきているよう。
　最終予想に出た〈運命の車輪（逆）〉は、〈カップの10（逆）〉からこぼれ落ちた水を受けて逆に回転しているのかも。アドバイスの〈カップのキング（逆）〉も、ダラダラとした対応はやめ、自分の軸をもつことが大事だと告げています。このように逆位置で出たカードがスプレッド上で、ほかのカードに影響を与えていると読むこともできます。絵柄をじっくり見て、物語を見つけ出すのがポイントです。

21 小アルカナの読みが どれも似たりよったりになります

➡ 似ているカードを比較しながら整理して

　小アルカナをあつかうとき、どちらも背を向けて去る人が描かれた〈ソードの6〉と〈カップの8〉のように、似たカード同士で意味が混乱しがちです。しかし、どちらも「なにかが去っていく」と同じ読みかたをしていては、小アルカナをつかいこなせているとはいえませんね。
　ここでは、絵柄や印象が似たカードの意味を整理しましょう。カードを比較することで、1枚1枚への理解が深まり、意味を引き出しやすくなります。
　さらに、絵柄が似たものだけではなく、大小アルカナをこえて近い意味をもつカードの違いも見ていきましょう。どちらも「終わり」という意味をもつ、〈ソードの10〉と〈死〉の違いの説明を求められると難しいですよね。とくに小アルカナに関しては細かい違いがわかりづらいものです。
　近い意味合いのカードはたくさんありますが、「似たカードがいくつかあるのに、なぜこの1枚が出たのだろう」と考えて、ニュアンスの違いを解釈の材料にできれば、占いの精度が高まり、より鮮明なアドバイスが得られますよ。

似た印象のカードを区別しましょう

〈ワンドの9〉　〈ソードの8〉

　〈ワンドの9〉と〈ソードの8〉はどちらも縦長の棒と剣に囲まれた人という構図が似ています。ただしその意味合いは正反対。〈ワンドの9〉は自分の領地を奪われないよう、内側から慎重に守っている人物です。
　それに対し〈ソードの8〉は鋭い剣に囲まれていて外に出たくても出られないと思っている人物です。
　同じ場所にいるように見えて、実はまったく違う心境であることに注目しましょう。

ワンドの9

ソードの8

〈ソードの2〉〈月〉

　2枚とも月が描かれ、あいまいさや迷いをあらわすことから意味を混同しがち。
　〈月〉は真実が覆い隠され、現実を見たくても見えない状態を暗示。
　一方〈ソードの2〉はふたつのことの間で葛藤し、問題から目を背けたいという迷いを意味するカードです。
　理性を司るソードなので、現実は把握できているという点で〈月〉と異なります。

ソードの2　　　月

〈ソードのクイーン〉〈女司祭〉

　クールで知的な女性という点で共通し、同じ解釈になりやすい2枚ですが、年齢に注目すると違いがわかるでしょう。
　〈女司祭〉は若い女性で、理想が高くなにごとも白黒をつけたがる青さが特徴的。
　〈ソードのクイーン〉は、人生経験が豊富なので、理想よりも経験をふまえ、現実的にものごとを見るので、融通が利くといえます。

ソードのクイーン　　女司祭

〈ソードの8〉〈吊るし人〉

　体を拘束された人が描かれたカードです。しかし〈ソードの8〉は、足は自由なのに動こうとしないことから、自分のなかで勘違いや被害妄想のようなネガティブな感情がうずいていると読み取れます。
　〈吊るし人〉は動きたくても動けない状態ですが、現状を受け入れ、思考を巡らせているので、ポジティブな状態とも読み解くことができるでしょう。

ソードの8　　　吊るし人

意味が似ているカードを比べましょう

〈ソードの10〉〈死〉

　死体と死神、どちらも「終わりとはじまり」を連想させるカードです。
　〈ソードの10〉は理性を司るソードなので、考えかたの終わりを意味します。つまり、自分の弱点を受け入れて対策を見出す、精神的な意味での終わりとはじまりです。
　〈死〉は、人間関係や恋、仕事など誰にでも平等に訪れる、宿命的な終わりを暗示します。

ソードの10　　　死

〈ペンタクルの9〉〈女帝〉

　豊かな自然に囲まれた身分の高い女性が描かれた2枚。
　〈ペンタクルの9〉は豊かな才能と実績による成功を暗示。
　〈女帝〉は、愛にあふれ、心に余裕がある状態を指します。満たされているからこそのゆとりがあるふたりですが、物質的に満ち足りた〈ペンタクルの9〉と、精神的に充足した〈女帝〉という違いを意識して。

ペンタクルの9　　　女帝

〈ペンタクルの2〉〈節制〉

　異なるふたつのものをバランスよくまわしている点が共通するカードです。
　〈ペンタクルの2〉はふたつのものをハンドリングするという意味合いが強く、それに対し〈節制〉はまぜ合わせるという意味合いが強まります。会話のノリややりとりを楽しむのが〈ペンタクルの2〉だとしたら、〈節制〉は相互理解が深まる会話のイメージです。

ペンタクルの2　　　節制

〈ワンドの4〉〈カップの9〉〈ペンタクルの10〉〈カップの10〉〈世界〉

いずれも明るく楽しげなカードですが、ニュアンスはどれも異なります。

小アルカナは数とスートの性質に注目をしましょう。最大数である〈ペンタクルの10〉と〈カップの10〉は「完成」を指します。どちらも幸せそうな家族が描かれていることから混同しやすいですが、ペンタクルは実際のできごとの完成や物質面がすべてそろった状態を、カップは心の充足を暗示。

これらの物や心のレベルをこえ、すべてが満たされるのが〈世界〉といえるでしょう。

対して10に満たない〈ワンドの4〉と〈カップの9〉は未完成の状態です。

〈ワンドの4〉は誕生日会や結婚式のような、ちょっとしたパーティのような喜びや、ホッとするような幸福感です。

〈カップの9〉も、手にしたものへの喜びと、このままうまくいくと信じる心をあらわすので、未完成な状態を指すカードとなります。

ワンドの4　カップの9　ペンタクルの10

カップの10　世界

〈ワンドの2〉〈ワンドの3〉

スートがワンドであることと、未来への情熱を抱く男性の後ろ姿の絵柄が共通する2枚。

〈ワンドの2〉はすでになにかを手に入れていて、その満足感をかみしめ明るい未来に意気揚々としている状態です。

〈ワンドの3〉のほうが今あるものよりも未来のウエイトが大きく、これから訪れるチャンスや課題について前向きに考えようとしている状態を暗示。

ワンドの2　ワンドの3

〈ソードの3〉 〈ソードの9〉 〈カップの5〉

　ひと目見ただけで、悲しみを連想させる小アルカナの3枚です。
　〈ソードの3〉は突然のショックを受けたときの心のチクチクとした痛みや精神的ダメージをあらわします。
　〈ソードの9〉は思い出すたびに突き刺さるような、自分のなかで起こる後悔を意味します。この2枚は理性を司るソードであることから、悲しみのなかにいてもその事実を受け止めて悟る展開も暗示。
　〈カップの5〉も後悔を示すカード。しかし心を司るスートなので、ショックなできごとを悲しむあまりに冷静に全体を見ることができない様子です。

ソードの3

ソードの9

カップの5

〈カップの2〉 〈恋人〉 〈節制〉

　〈カップの2〉と〈節制〉は、ふたつのカップが描かれている点で共通し、〈カップの2〉と〈恋人〉はどちらにも一組の男女が描かれています。
　3つとも人とのふれあいを意味するカードですが、もっとも深い交流をあらわすのが〈節制〉。たとえ相手と意見が合わなくても、自分や第三者のあらゆる考えとまぜ合わせ、ベストな答えを導き出すでしょう。
　〈カップの2〉は、反対意見がなくスムーズな意思疎通をあらわします。
　〈恋人〉は意見交換というよりは、フィーリングが合う、という意味合いが強まります。

カップの2

恋人

節制

〈ペンタクルの7〉〈カップの4〉

　漠然とモヤモヤした印象を抱きがちな2枚。読みわけるポイントは、表情にあります。
　〈ペンタクルの7〉のペンタクルを眺める男性は、不満足な現状もきちんと直視しているので、今後の成長があることを暗示。〈カップの4〉の目を閉じた男性は、現状から目を背け、打開策を考えておらずただくすぶっている状態です。

ペンタクルの7　　カップの4

〈ソードの6〉〈カップの8〉

　2枚とも、運の転換期をあらわし、去っていく人の姿が似ています。
　〈ソードの6〉はソードとともに進んでいることから、経過点として進む様子を意味しています。〈カップの8〉は8つのカップを背にしていることから、今までの場所にいる必要がなくなったことを暗示。ものごとの終わりとセットで起こる変転といえます。

ソードの6　　カップの8

〈ソードの5〉〈ソードの7〉

　5はターニングポイントにあたるので〈ソードの5〉は大きな課題に直面した混乱から利己的になることを暗示。また、絵柄のソードを盗む人、立ち去る人、どの人物に自分をあてはめるかで解釈がかわるのも特徴です。
　〈ソードの7〉は、葛藤を示す数字7なので、水面下でずるいことを企む、という意味だけではなく、良心との戦いも暗示。

ソードの5　　ソードの7

人が描かれていない
小アルカナのAが読み解きにくいです

ほかのスートと対比してみましょう

　小アルカナは人の日常の様子が描かれたカードが多く、絵柄の人物に自分をあてはめたり、表情を解釈の材料にしたりと、親しみを感じられると読み解きやすいですね。

　しかし、逆に人物が描かれていない、シンプルなAのカードの解釈となると、困ってしまうこともあるようです。

　そんなときは、「Aは各スートのエレメントがもっとも純粋な形であらわれたもの」という基本を思い出しましょう。カップは「愛」だから、心を込める、共感する、穏やかにふるまう……というように、エレメントのキーワードをもとに連想していくと、案外自由に解釈しやすいことに気がつくはずです。

　さらに、同じ質問をしたときに、もし、ほかのスートのAが出たらどう解釈がかわるのかをイメージしてみましょう。

　出なかったカードと比較することで、読みやすくなることもありますよ。

キーワードから連想してみましょう

ワンド 生命力・情熱・行動力	ペンタクル 物質・財産・豊かさ	ソード 知性・言葉・策略	カップ 感情・愛・情感

◆ まずは着手する ◆ 勢いがある ◆ 盛り上がる ◆ 声が大きい ◆ 体育会系	◆ お金持ち ◆ もので釣る ◆ 価値 ◆ 種類が豊富 ◆ 目に見える成果	◆ インテリ ◆ 言葉にしてみる ◆ 無駄をなくす ◆ 陥れる ◆ 勉強をする	◆ 雰囲気づくり ◆ 心にしみる ◆ 優しさにあふれる ◆ 穏やかな状態 ◆ 共感を呼ぶ

Aのカードを読んでみましょう

Case 1 | 新製品を人気にするには どんな広告にすればいい？

ペンタクルのA

　物質をあらわす〈ペンタクルのA〉が出たことから、新製品をつかうことで得られる具体的なメリットを提示すると、支持が得られそうです。ほかのスートでは、カップが出たら共感を呼ぶ広告を出す、ソードはキャッチコピーを印象的にする、ワンドであれば今勢いのある流行に乗った広告、と読めます。

Case 2 | 趣味ではじめたテニスで 試合に勝ちたい！

過去　　　　現在　　　　近未来

　過去の〈死〉は試合に敗れ、次の勝利を誓った暗示。現在は〈ソードの3（逆）〉。思ったより上達せず、モヤモヤしていそうです。近未来は、勝負をあらわす〈ワンドのA〉であれば勝利となりますが、出たのは〈カップのA（逆）〉。優勝には届かなくても、健闘したことにうれし涙を流すのかもしれませんね。

POINT

出ていないカードから読み解くテクニック

　「出なかったカード」から解釈をすることはほかのカードでもつかえるテクニック。
　A社とB社、ふたつの希望する就職先で択一をするとします。今回唯一、出なかったスートがペンタクルです。お金をあらわすペンタクルがないということは、今回の就職では大幅に収入が上がる可能性は少なそうだということが読み取れます。また男性が描かれたカードが出ていないということから、女性の多い職場である可能性も読み取れるでしょう。

選択肢A　　質問者の態度　　選択肢B

明らかに当たっていないと感じるカードが出たときは？

最後まで読みきる「粘り」がカギ

　占った結果に対して「ピンとこない」「明らかに違うカードが出ている気がする」と思うことはよくあります。

　また「カードがなにをいいたいのかどうしてもわからない」ということも。

　そのカード自体が苦手、占っている内容とリンクしない、明らかに自分の気持ちや願いと異なるカードが出ている、あるいは直感的に嫌だなと思うカードが出てきたときも読み解きが止まりがちでしょう。

　でも、そこで「違うんじゃない？」「当たっていない！」となるのではなく、本当に心当たりはないか、自分自身のほうを疑ってみましょう。

　その問題に関して、あなた自身が気づいていないこと、見えていないことがまだあるのかもしれません。それを教えてくれるのがタロットです。読めないカードが出てきたときほど粘りどきと考えて。きっとその先にまだ見ぬ答えがあるはず。

少し時間を置いてみましょう

　意味がわからないカードが出た場合、必ずしもその場で答えを見つけ出そうとしなくてもOKです。悩んでいるときは、そのことで頭がいっぱいになっていて、客観的に状況を見ることができません。少し時間をおいたほうが、かえって大事なことが見えてくるもの。そこでスプレッドを写真に撮るなり、メモしておくなりして、そのカードのことを心にとめておくようにしましょう。

　そうすると、日常生活のなかで、急にピンときたり、「こういうことかも！」というひらめきが降りてきたりします。わからないからといって放置したり、なかったことにしなければいいのです。

問題から目を背けていませんか？

　当たっていないと感じるのはなぜでしょう？　もしかしたらあなたが見落としていることがあるのかもしれません。あるいは認めたくないからと無意識のうちに目を背けているなにかがあることも。

　そこで、そんなはずはないと抵抗しないこと。対面鑑定では、本人が見たくない事実を指摘すると拒絶する人もいますが、そのままではいつまでたっても状況はかわらず、問題は解決しません。

　聖人君子ではないのですから、すべてを受け入れている人などいません。だからこそタロットをつかって、その問題を乗りこえようとするのが大切。

　読めないカードが出たら否定するのではなく、まずは「そうなんだ、その可能性もあるかもしれない」と一度、受け止めましょう。フラットな気持ちで、「このカードのいうことが当たっているとしたら、どういうことだろう」と考えてみて。

　この粘りをリーディングで発揮すると、読めないカードがなくなるばかりか、あなた自身の弱点を次々と克服していけるでしょう。

スプレッドとカードにギャップがあるときは

　たとえば「願望」の位置に明らかに望んでいない悪いカードや逆位置のカードが出たり、「障害」の位置に、ポジティブなカードが出たり。読みが止まってしまうのは、スプレッドとカードの間にギャップが生じているときではないでしょうか？

　こういうときは、無理に正逆を取らなくてもかまいません。「その位置にそのカードが出た」という事実のみからリーディングしてみましょう。

　「願望」の位置に悪いカードが出るのは、表面上はこうなりたいと思いながら、内心は本当にそうなったらどうしよう、と不安や抵抗を感じていることがあるようです。もしくは思いが募りすぎて、好意が憎しみなど強い感情に転じている場合も。

　「障害」の位置に出たいいカードは、質問者が思っているような問題は存在していない、あるいはよすぎる状態がかえって妨げになっている、と解釈するケースもあります。

　質問の内容やそのときのインスピレーションによって、判断してみましょう。

どうしても読めないカードが出たときにヒントがほしい！

⬇

「引き直し」ではなく「引き足し」て

「同じ質問を引き直してはいけません」というのはタロットの基本ルール。なぜダメかというと、タロットと自分の信頼関係が崩れてしまうから。間違っているのではと疑問を抱いてしまうと、その後、なにを占っても「今のはなかったことに」と占い直す習慣がついてしまいます。

だからこそ、同じ質問を占うのは1回だけ。その真剣さと集中力を大切にしましょう。もちろん時間が経過したり、状況が変われば、再び占ってもかまいません。

とはいえ、「引き直す」のではなく、「引き足す」のはOKです。「このカードが読めないから、ヒントがほしい」というときに、追加で「これはどういうこと？」とアドバイスを求めて1枚引いてみましょう。これが「アドバイスカード」です。

タロットのことは、タロットに聞く。アドバイスカードをうまくつかって、よいリーディングを目指しましょう。

こんなときに引き足してみましょう

どうしても読めないカードがあるとき、「このカードが意味していることはなんですか？」と1枚、カードを引き足してみましょう。出たカードを手がかりにして、さらに読み解いていきます。

アドバイスカードは、スプレッドを展開し、いい意味にとれないカードが出たときや、鑑定を終えた最後に、「この問題についてどういう姿勢で取り組むべき？」など、占いのまとめとして1枚引くこともできます。

1枚でピンとこなかったら「それはどういうこと？ ヒントをください」とさらに数枚、引き足してもかまいません。読み解きがぐっとスムーズになりますよ。

アドバイスカードを活用してみましょう

Case 1 新しい恋の出会いがまったくないのはなぜ？

「過去」「現在」「近未来」の位置に出たカードがすべて逆位置なのが気になるところ。恋をしたいといいながら、いまひとつ気持ちは前向きではないのかも。

「障害」に出た〈ソードの7〉は「裏で画策する人」の意味。これが誰なのか判断するためにアドバイスカードを引き足すと、〈審判〉が出ました。かつての恋人がアクションを起こそうとしている可能性も。アドバイスの〈カップの8（逆）〉は再挑戦の意味があることから、新しい恋を妨げているのは、自分自身の復縁への期待なのかもしれません。

過去

アドバイスカード

最終予想

現在

障害となっていること

近未来

周囲（もしくは相手）の状況

アドバイス

Case 2 将来の進路、どれを選ぶべき？

転職を考えている質問者。現在の職場のA社、転職先候補のB社、そしてフリーランスの3択で択一を行いました。「質問者の態度」が〈ペンタクルの10（逆）〉で長年続けてきた仕事に負のしがらみを感じているよう。転職先は〈力〉で、気は抜けないものの得るものは多そう。フリーランスは〈ペンタクルの6〉で穏やかな日々に。「なにを基準に決断するべきか」という質問でアドバイスカードを引いたところ〈魔術師〉が。「新しいことをはじめましょう」というメッセージと受け取れます。大アルカナが出たことにも注目するとB社が有望なようです。

アドバイスカード

A社

B社

フリーランス

質問者の態度

Column 4

別の占いをプラスすることで
メリハリが生まれます

　タロット以外にも偶然性による占いは数多くありますが、他のものにもふれてみることで、世界が広がります。

　なかでも、ルーンはタロットと相性のよい占いのひとつ。ルーンとは北欧神話に登場する古代文字のこと。古くは木に刻まれていたことから、シンプルな直線で構成されており、ひとつひとつにシンボリックな意味があります。

　神秘的なムードが漂うダウジングも、人気の占いのひとつ。こうしたほかの占いを組み合わせて、オリジナリティあふれる鑑定をするのもいいでしょう。

ルーン

現在でもルーン文字が刻印されたストーンが売られており、袋に入れた状態でランダムにひとつ、引いて占います。日本で一般的につかわれているルーンは24文字の「エルダーフサルク」です。〈贈り物〉〈人間〉〈馬〉など、それぞれに意味があります。このほかにルーンのカードなども市販されています。

ダウジング

ペンデュラムと呼ばれる振り子の動きによって占います。質問に対する答えが「YES」なら時計まわりに、「NO」なら反時計まわりにくるくると回転します。タロットの「択一」で占ったものの、どの選択肢を選ぶか決めかねているときなどにつかうと、より深みのある鑑定になるでしょう。

Chapter 4

上級編

よりバラエティに富んだ
タロットの読みかたを習得し、
人のことも占えるようになりましょう。

解釈の引き出しを
楽しみながら増やしましょう

マンネリを感じたら
やりかたをかえることが大切

　タロット占いに慣れてくると陥りやすいのが、読み解きのマンネリ化です。何度も占ううちにカードに目が慣れてしまい、同じような言葉しかイメージできなくなってしまうのはよくあること。

　展開したときのうれしさや悲しさ、意外さなど、心の反応が小さくなるのもマンネリ化のサイン。カードとなじみ、親しくなることはいいことですが、慣れはつまらなさにつながってしまいます。
　マンネリを打開するコツはふたつ。やりかたをかえることと、解釈の引き出しを増やす努力をすることです。
　「Chapter4 上級編」では、カードの枚数をかえたり、スプレッドを複数使用したり、別の占いを組み合わせるなどして、楽しみながらリーディングの技を磨いていけるコツをお教えします。

カードの枚数や
スプレッドに変化をつけるのがおすすめ

　やりかたをかえる方法として、いちばん手っ取りばやいのがつかうカードの枚数をかえることです。小アルカナは、各スートで得意分野があるので、最少 10 枚で占うこともできます。手軽さがアップするだけでなく、小アルカナをより深く理解し、その世界になじむきっかけにもなるでしょう。
　このほか、スプレッドにもひと工夫。ひとつの質問に複数のスプレッドを組み合わせることで、様々な角度からの解釈を試みてもい

150

いでしょう。オリジナルのスプレッドを創作するのもおすすめです。自分から言葉を引き出しやすい質問をみずから設定できます。

　また、小アルカナのコートカードのエレメントをつかったり、ヌーメラルカードを物語の一場面としてとらえたり、解釈の引き出しを増やすこともとても大切。

　タロット占いは西洋占星術とも密接にかかわっていることから、西洋占星術から読み解きのアプローチをしていくのもいいですね。こうした知識があるだけでも解釈の判断材料が豊かになるでしょう。

人を占うときは
新しい解釈に出会うチャンス!

　タロットの解釈の引き出しを増やすために、もうひとつ実践してほしいのが、対面で人を占うことです。占いをはじめたばかりだと他人を占うなんてできない、と感じるかもしれませんが、人を占うことにはたくさんのメリットがあります。

　タロットの答えがあなたのなかから出てくるものだとしたら、人の悩みや価値観にふれることは、あなた自身が成長すること。リーディング力の向上につながります。カードを展開したときの相手の反応を見たり、「このカードからどんな印象を受けますか?」と質問をしたりしてみましょう。相手からの意外な反応や言葉に驚くこともあるかもしれませんね。

　自分と考えかたやライフスタイルが違う人にタロットにふれてもらうことは、解釈の幅を広げ、マンネリを打開するチャンス。まだ自分以外の人を占ったことがなくても安心して。この章では人を鑑定するときのアドバイスも紹介しています。

恋、仕事、お金について もっと的確に答えがほしい！

ヌーメラルカードを活用しましょう

　大アルカナ22枚だけで占うことは、実は78枚を用いるよりも難しいもの。どれも重要そうに見えてしまい、焦点をしぼりづらくなるからです。そこでもっと活用したいのが小アルカナのヌーメラルカード。

　ヌーメラルカードを理解するコツは、実はコートカードにあります。西洋の運命学の世界では万物を火・地・風・水の4つのエレメントにわけます。4つのスートは、ワンド（火）、ペンタクル（地）、ソード（風）、カップ（水）となると説明してきましたが、コートカードもこの4つに分類できるのです。ペイジ（地）、ナイト（風）、カップ（水）、キング（火）となります。

　つまり、「ペンタクル（地）」のヌーメラルカードは「ペイジ（地）」の物語としてイメージすると非常にしっくりきます。

　各エレメントが得意とするテーマを10枚のヌーメラルカードで占ってみる。それだけで小アルカナへの理解が深まるはず。

コートカードをエレメントでとらえてみましょう

　ペイジ・ナイト・クイーン・キング、4種類のコートカードは、階級自体もエレメントに振りわけることができます。

　ペイジは、スートに関係なく、地のエレメントに該当しています。つまり「ソード（風）のペイジ（地）」というように、コートカードはふたつのエレメント（同じエレメントの場合はひとつ）を内包しているということになるのです。

　そのため地に対応するペンタクルのヌーメラルカードは、ペイジの物語としても読み解くことができます。野心に燃えるキングはワンド、人と心をわかち合うクイーンはカップ、馬で進むナイトはソードの物語になります。

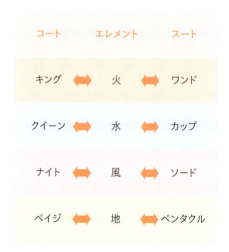

コート	エレメント	スート
キング	火	ワンド
クイーン	水	カップ
ナイト	風	ソード
ペイジ	地	ペンタクル

コートとスートを組み合わせて物語に

ペイジ×ペンタクル

　小姓であるペイジは、まだこの世界でなにも成しとげていない、駆け出しの存在です。スキルを身につけて自分の足で立ち、お金を稼いで家族をつくり、それを次の世代に受け継いでいくまでがペンタクルの物語として描かれているといえるでしょう。

ナイト×ソード

　馬に乗り、鎧兜をかぶって目的地を目指すナイトは、自分の考えに基づいて、世の中に打って出ようとする存在です。ときに人と衝突したり、自信を失ったりと葛藤しながら、自分自身を成長させていこうとするのがソードに描かれたナイトの物語です。

クイーン×カップ

　母としての側面をもつクイーンは、どのスートであっても、その内側に深い愛を湛えている存在です。愛するものを守りたい、誰かと心を通わせたいという思いを実現するまでの道筋が、クイーンの物語としてカップに描かれています。

キング×ワンド

　一国の主であるキングは、国を守るため、人々を統率する存在です。ときには他国と戦ったり、自分の立場を守るために敵を叩き落としながらも、領地や資産の拡大をはかるために挑み続けるのが、ワンドにあらわされたキングの物語です。

ワンドはキングの物語としてとらえましょう

王になろうという
野心が生まれる

王としてどの方向に
進むべきか思案する

目指すべき地に向け
旅立ちのとき

見事に勝利をつかみ取り
陣地を獲得

その後も陣地取りの
争いが生じる

ものごとが
ハイスピードで進展

得た地位を
守るために戦う

警戒しつつ
万全の態勢で守る

勝利をつかんで
胸を張って凱旋

責任などの重荷を
背負うことに

　ワンドは「情熱」や「野心」をあらわします。そこで最初は駆け出しの若者だった王の胸に、一国を治めたいという目標が生まれたところから物語がはじまります。その後、戦いそして勝利の喜びなどを経て、王として成長していくプロセスとしてイメージしてみましょう。領地や守るべきものを手にしたあと、その地位をねらう人々からの追撃、それに対する防御、そしてプレッシャーに押しつぶされそうな心の内までが描かれているようです。

こんなことを占ってみましょう

ワンドが得意とするのは情熱を傾けて取り組んでいる事柄の行く末です。

夢を実現するためにすべきこと、チャンスのつかみかた、試験やコンテストなど、勝敗にかかわることはワンドが最適。仕事のなかでも頭をつかうこと、議論や価値観の戦いはソードの範疇になります。「戦って勝ち取る」という意味合いの強いことは、ワンドのカード10枚で占ってみるといいでしょう。

やる気やモチベーションに関すること、健康や体力に関することも、ワンドで占うのに向いているといえます。

質問例

◆ 今日の資格試験の勉強はどのように進めるべき？
◆ 今度のオーディション結果はどうなる？
◆ 仕事のやる気が出ないその原因は？
◆ プレゼンはA案とB案どちらに力を入れるべき？
◆ 恋のライバルに勝つにはどうしたらいい？

Case 1｜来週の資格試験で気をつけるべきことは？

ワンドの8（逆）

勢いよく進む〈ワンドの8〉が逆位置で出ました。スムーズにものごとが進まず、行き詰まる暗示が出ています。交通渋滞にまきこまれて無事に試験会場にたどり着けないのかもしれません。あるいは難問に引っかかると手が止まってしまうので、できるところから進めるべき、とも読み解くことができます。

Case 2｜最近、ちょっと元気が出ないのはなぜ？

ワンドの10

重荷を抱えている〈ワンドの10〉が出ました。ストレートに読むと仕事の抱えすぎとなります。複数のワンドが描かれていることから、原因はひとつではなく、複数の要因が重ってストレスとなっていることも。ここから「一度、すべてを手放して休んだほうがいいのかも」という解釈もできます。

ペンタクルはペイジの物語としてとらえましょう

自分でお金を
稼ぐことを決意する

少ない元手で
やりくりする

少しずつスキルを
習得しはじめる

得たお金を確実に
守ろうとする

財産を失い
ひもじい思いをする

もう一度
コツコツ努力する

これでいいのか
と思案する

おごりたかぶる
心を手放す

築いた地位や
お金に自信をもつ

得た財産を元に
幸せな家庭を築く

　ペンタクルは「スキル」、それによって得られる「物質やお金」をあらわします。まだなにももたざる者である小姓が、未熟ながらもうまく立ちまわりつつ、スキルを習得してお金を稼ぎ、立派に家庭を築くまでのプロセスが描かれています。途中で保身に走った挙句、すべてを失ったり、惜しみなく人に与えることを覚えたり、すでに十分に財産があるのに不満げだったりと、ものやお金とのつきあいかたとしてもイメージできるでしょう。

こんなことを占ってみましょう

ペンタクルはお金や物質をあらわすため、金運の良し悪しや、収入の増減、贈り物やギャンブル、買い物の結果、もののありかを占うのに向いています。

「手に入れるべきか否か」「さらによいものを手に入れるにはどうしたらいいか」など「所有」の意味合いが強いことは、ペンタクルのカード10枚で占ってみましょう。スキルもその人固有の持ち物であると考えられるため、仕事や習いごとのスキルアップに関することもおすすめ。

このほか、肉体もいわば持ち物であることから、よりよい健康法や美容に関することもペンタクルで占ってみましょう。

質問例

◆ もっとお金を貯めるためにすべきことは？

◆ 来月の売り上げはどうなりそう？

◆ AのコスメとBのコスメ、どちらを買うべき？

◆ 欲しい洋服はどのお店にある？

◆ なかなか上達しないバイオリン、原因は？

Case 1 | 給料を増やすにはどうしたらいい？

ペンタクルの10（逆）

「継承」を意味する〈ペンタクルの10〉が逆位置で出たということは、よからぬ習慣を受け継いでしまっていることを暗示。仕事の進めかた、お金の管理に無駄が多いのかもしれません。家族が描かれていることに注目するなら、アットホームな環境であるものの、なあなあで効率が悪いとも読めるでしょう。

Case 2 | 見当たらない書類はどこ？

ペンタクルの7（逆）

積み上げられたペンタクルの山に焦点を当てるなら「山積みの書類のなかにまぎれている」とイメージできるかもしれません。足元にひとつ残っているペンタクルに着目すれば「灯台下暗しで、すぐ近くにある」という解釈もできるでしょう。意味に縛られず、絵柄からも自由にイメージしてみましょう。

ソードはナイトの物語としてとらえましょう

自分の考えや
価値観が生まれる

相反する考えに
はさまれて思い悩む

自分の考えを
否定されて傷つく

傷を癒し
再考するために休む

他人の意見を
聞き入れない

人の考えを盗んだり
自分を偽る

行き詰まって
新しい価値観を模索

疑いを持ち
敵を欺こうとする

自分のしてきたこと
への後悔

自分の考えを捨て
生まれかわる

　ソードは「思考」、それによって育まれるその人なりの「価値観」をあらわします。「自分はこう考える」という意見をもち、それによっていろいろな人と議論を交わして、自分の正しさを証明したいナイトの物語とイメージしてみましょう。そう考えると、ときに傷つき、誰かを出し抜いたり、自分を偽ったり、自分にこだわって殻に閉じこもったあとに訪れる〈ソードの10〉は、考えかたの死（自分の非を認める）とも読めるでしょう。

こんなことを占ってみましょう

ソードは考えや価値観をあらわすため、自分の内面や悩みについて占うのに向いています。行き詰まりを感じているとき、内省したいときにソードで占うと、ヒントを得られるかもしれません。

同時に風のエレメントであることから、言葉やそれによるコミュニケーション全般もあつかいます。人との会話の行き違いの原因や、トラブルの収めかたを考えたいとき、相手の気持ちに伝わる話しかたやビジネス上の戦略を練る際に、ソードを活用してみましょう。仕事の進め方やなにかを学ぶことなど、頭をつかうこと全般に応用できます。

質問例

◆ 悩みが尽きない……私の考えかたのどこに問題がある?

◆ 友だちとケンカしてしまった。相手はなにを考えている?

◆ 相手を怒らせてしまった! どんなふうに謝るべき?

◆ 上司に企画が通らない。どのように説得すべき?

◆ 最近、人と衝突することが増えているんだけど原因は?

Case 1 | 疎遠な友人との関係はどうなりそう?

ソードの4(逆)

「回復」を意味する〈ソードの4〉は逆位置で出ると、回復が完了して再始動のときを迎えていることを示します。そのうちふたりの関係に動きがありそう。自分からコンタクトを取るのもいいでしょう。ステップアップがテーマなので、今までとは違う関係性を目指すのがよさそう。

Case 2 | 気持ちがイライラする! 私のどこに原因が?

ソードの8

「私は悪くない」「誰も助けてくれない」という気持ちを暗示するカードです。つまり人に依存しがちで自分からはなにもしていないことが原因のひとつかもしれません。このカードからアドバイスまで読み解くとすれば、自分で自分を縛っている状況に気づく必要がある、ということかもしれません。

カップはクイーンの物語としてとらえましょう

胸の内から無償の
愛がわき上がる

誰かとわかち合う
喜びを知る

団体でわかり合う
喜びを知る

幸せな日々に停滞と
疑問を感じる

もう一度、人を愛そ
うと決意の旅立ち

本当に求めている
ものはなにか考える

かつての純粋な愛に
思いを馳せる

愛を失い
嘆き悲しむ

満足のいく愛を手に
入れ満たされる

心を通わせる家族と
幸せに暮らす

　カップは「心」や「感情」をあらわします。胸に生まれた愛を誰かとくみかわしたいというクイーンの心情としてイメージしてみましょう。愛をわかち合う喜びを感じたのちに、ふと倦怠感や不満足感を抱き、失ってからその大切さに気づいて「あのころはよかった」と過去を振り返る……そんな心情に思い当たる人も多いのでは？〈カップの9〉で自分自身を満たしたクイーンは、〈カップの10〉で念願の愛すべき家族を手に入れるのです。

こんなことを占ってみましょう

カップは心情をあらわすため、人の心の状態を占うのに最適です。電話をかけようと思っている恋人の心の状態を占っておけば、どんなテンションで話せばいいかがわかるでしょう。恋愛の相手に限らず、友だちや同僚、家族などあらゆる人間関係を占うのに向いています。

人との関係が、Aから10までのカードのプロセスにおいて、どの段階にあるのかを占ってみると関係の深さがわかりやすいかもしれません。

カップは感情をあらわす水のエレメントに対応するため、「場のムードはどうなる？」ということも占えます。

質問例

◆ 来週の会食で
気を配るべきことは？

◆ なかなか進展しない片思い……
相手の気持ちは？

◆ 別れた恋人との関係、
これから進展はある？

◆ 職場のムードをよくするために、
私にできることは？

◆ 私にいい恋の出会いがない
原因はなに？

Case 1 意中の相手は私をどう思っている？

カップの8

〈カップの8〉はものごとの区切りを意味するカードです。変化のときを迎えているのは確かですが、同時に物足りなさを感じているよう。もしかすると、あなたとの関係に手ごたえを感じられず、次の恋を探そうとしているのかも。そうなりたくなければ、行動を起こす必要があるかもしれません。

Case 2 今晩の同窓会はどんなムード？

カップの10

心が満たされた状態の〈カップの10〉が、楽しい同窓会になることを暗示。話が盛り上がり、たくさんの杯をくみかわすことになりそうです。がんばってきた自分に誇りをもってふるまえるでしょう。ただし、このカードをアドバイスとして引いたなら「食べすぎ・飲みすぎに注意」とも読めるかもしれません。

占った結果から新しい疑問が出てきたときはどうすればいいですか？

➡

スプレッドを組み合わせてみましょう

　スプレッドには、時期を知るもの、相性を見るもの、問題点を明らかにするもの、深層心理を分析するものなど、それぞれの特徴があります。スプレッドを展開したあと、気になることが出てきたら、続けて別のスプレッドで占ってみましょう。「転職したい」という悩みなら「ケルト十字」で占い、なぜ今の会社を辞めたいのか、深層心理を見たあとに、「実際に転職するならいつごろがいいか」を「スリーカード」で占ってもいいでしょう。

　複数のスプレッドを展開すると、正反対の結果が出るのではと不安を感じるかもしれません。でも意外と似た印象のカードが出たり、再び同じカードが出て、問題点が浮かび上がることもよくあります。

　スプレッドを複数つかいこなすことで、問題の核心に迫ることができるでしょう。ここからはつかいやすいスプレッドの組み合わせを紹介していきます。

続けて出たカードに注目してみましょう

　ひとつのテーマに複数のスプレッドを展開して、同じカードが出てくることもよくあります。1回目で「相手の気持ち」のところに出たカードが、2回目で「現状」を示す位置に出ていたとしたら、現状において相手の心境が強く影響を及ぼしていると読めるでしょう。

　また1回目のスプレッドで〈ペンタクル〉が多く出ていて、2回目のスプレッドでも要所に〈ペンタクル〉が出ていたら、お金の問題が根底にある、と読めるかもしれません。

　1回目と2回目のスプレッドの間にイレブンタロットがあったら、そのつながりを考えてみて。スプレッドを組み合わせることで得られる情報は一気に広がります。

Chapter 4 上級編

問題の核心に迫りたいときは

　鑑定の現場で多くつかわれるのは「ヘキサグラム」(P40)と「ケルト十字」(P41)の組み合わせではないでしょうか。「ヘキサグラム」で現在の関係性を見たけれど、腑に落ちないので、質問者自身にフォーカスすべく「ケルト十字」を行ったところ、まったく別の本心が隠れていたことが判明する場合も。

　問題を深掘りするのに適した組み合わせです。どちらのスプレッドを先に展開するかは、質問内容によってかえてOKです。

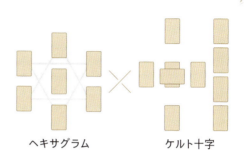

ヘキサグラム　　　　　ケルト十字

Case 1　仕事は楽しいけれど、将来が不安……

　職場との相性を見た結果、過去と現在の位置に突き進むカードが出ており、がむしゃらに働いてきたことがうかがえます。ただし近未来に出た〈正義〉が判断のときの訪れを暗示。最終予想の〈カップのクイーン（逆）〉も愛の注ぎ先を見失っているように見えます。

　〈カップのクイーン（逆）〉と対になる〈カップのキング〉が障害の位置に出ているうえ、1回目に〈近未来〉に出た〈正義〉が過去の位置に。これまでも同じ問題で逡巡したことがあったのかもしれませんが〈審判〉が今度こそ転職したいと考えていることを暗示。

― 163 ―

人間関係を改善したいときは

相手と自分の関係性における、過去・現在・未来の時間軸の流れが見える「ヘキサグラム」(P40)。そして「ハートソナー」(P43)はふたりがよりよい関係になる方法を導き出せるスプレッド。まずヘキサグラムでふたりの関係がどうなっているかを知り、相手のハートをとらえる戦略を練ります。ハートソナーの内面を「才能」、外見を「ふるまい」に変換すると、仕事などで自分がどう評価されているのかも読めます。ヘキサグラムの近未来を「このまま進んだ場合の未来」、ハートソナーの「近未来」を「アドバイスを受けて行動した未来」と設定しても。

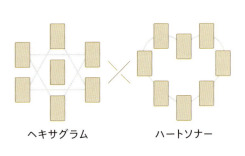

ヘキサグラム　　　　ハートソナー

Case 1 最近、気になる人との関係がぎくしゃく……

　過去の位置に出た〈死〉は、関係がひとつの終わりを迎えたことを暗示。現在は〈カップの10（逆）〉で停滞した不満足な状況ですが、近未来が〈ソードの4（逆）〉で再始動のときは近そう。両者の気持ちは悪くないので、〈ソードのクイーン（逆）〉が示すように、ギスギスせず、笑顔を見せることを意識すると◎。

　お相手は、元気よくアクティブな雰囲気をした質問者の外見〈ワンドのナイト〉と、自信のない心をあらわす〈ワンドのA（逆）〉のギャップに戸惑っているのかも。アドバイスの〈ワンドの4〉が示すように、ホームパーティなどアットホームな場に出かけて本当の自分を見せると、また仲よくできそう。

心のなかを整理し、未来を見通したいときは

これも悩んでいるときに定番の組み合わせです。思考を整理する「ケルト十字」(P41)で心のモヤモヤの原因を探ったあと、「スリーカード」(P39)でこれからの展望を見ていきます。

両者のスプレッドになんらかのつながりが生じることがよくあるため、共通点などがないか出たカードをくまなくチェックしてみましょう。両方のスプレッドを記録しておいて、比較しながら読むのもおすすめです。また順番を逆にして、スリーカードで全体の運を占い、そこで気になったテーマについてケルト十字を展開するという順番でもOK。

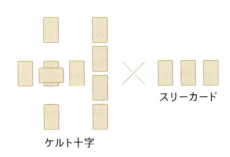

ケルト十字 × スリーカード

Case 1 | 仕事のライバルと比較されて……状況を改善するには？

 質問者の顕在意識（考えていること）
 最終予想
 近未来
 質問者の状況
 障害となっていること / 過去
 質問者の願望
 周囲（もしくは相手）の状況
 質問者の潜在意識（感じていること）
 質問者が置かれている立場
 過去
 現在
 近未来

〈ペンタクルの8（逆）〉〈ソードの7〉〈魔術師（逆）〉〈皇帝（逆）〉などが、自分をよく見せようとする裏工作に走りがちな心境を暗示。ただ全体にソードが描かれたカードが多いことから、正しい信念に基づいて行動すれば、状況が改善するであろうことを〈審判〉が知らせているようです。

ライバルに敵意を抱いていた過去を〈月〉があらわしているよう。現在は〈ソードの8〉が示すように窮屈な思いをしているかもしれませんが、1回目にも出た〈審判〉が未来の位置に出ています。最初のスプレッドで出たアドバイスを実行すれば、復活と解放のときはもうまもなくでしょう。

選択肢を比べて決断したいときは

　AとBなど、複数ある選択肢の状態を比較できる「択一」（P40）。大アルカナなど強いカードがわかりやすく出ればいいですが、そうではない場合、結局、どちらを選べばいいのかわからないということになりがち。

　そんなときは、その選択肢を選んだ未来がどうなるかをそれぞれに「ワンオラクル」（P39）で引き足してみましょう。「選択肢AもしくはBにどう対応すべきか」などの項目を追加して引き足すのもおすすめです。

択一　　　　ワンオラクル

Case 1 | 明日、大事な会議があるけど飲み会に行くべき？ 残業して仕事をすべき？

選択肢A
飲み会

質問者の態度

選択肢B
残業

選択肢Aを
選んだ未来

選択肢Aの
状態（相性）

質問者の
態度

選択肢Bの
状態（相性）

選択肢Bを
選んだ未来

　飲み会をA、残業をBとして、択一を行ったところ、ふたつの選択肢にAのカードが出ました。

　飲み会は〈カップのA（逆）〉ですから、それほど楽しめないか、飲みすぎてしまうのかもしれません。残業は〈ペンタクルのA〉なので、確実に成果を残すことができそうです。

　AとB、それぞれを選んだ場合の未来をワンオラクルで1枚ずつ引いてみました。飲み会を選んだ未来は〈愚者〉。不思議なツキがあるカードなので、会議は難なく乗りきれるかもしれませんが、なにが起こるか予測不可能です。残業を選んだ未来は〈ペンタクルのクイーン〉。地道な努力を評価されるでしょう。

より詳しく未来を読み解きたいときは

1年の運の流れや、現在のあらゆる分野の運気を占うのに向いている「ホロスコープ」（P42）。各月もしくは各ハウス（P174）の運気をさらに詳しく知りたいときは、「スリーカード」（P39）を組み合わせるのがおすすめです。

恋愛を示す5ハウスについてスリーカードを行って、過去・現在・未来の運の推移を見てもいいでしょう。また3月に出たカードが気になったら、そのときになにが起こりそうかスリーカードで詳しく見てみる、というようなイメージです。

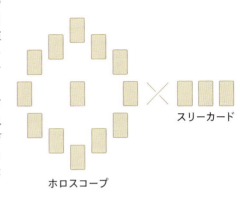

スリーカード

ホロスコープ

Case 1　今の私の運気、とくに恋愛運はどうなっている？

過去　　現在　　近未来

1ハウスから12ハウスまで、現在のすべての運気を展開しました。なかでも気になるという恋愛を示す5ハウスには〈ペンタクルのクイーン〉が出ており、結婚につながる関係性が生まれやすい状況を暗示しています。結婚を示す7ハウスも〈ワンドの9〉で万全のそなえを意味しているようです。

5ハウスが示す恋愛運に関して、スリーカードで運の流れをチェックしました。過去は〈カップの6〉で昔の恋人に縛られていたのかも。現在は〈ソードの2〉で新しい恋に気持ちが向きつつあり、未来は〈ペンタクルの2〉でドラマティックさはないものの、楽しい時間を気楽に過ごせる相手が見つかるようです。

27. 質問にぴったり合った占いがしたいです

➡ 自分でスプレッドをつくってみましょう

　普通の占いかたでは物足りなくなってきたり、いろいろな角度から質問を掘り下げたいと思えるくらい上達してきたら、オリジナルのスプレッドをつくるのがおすすめです。

　スプレッドは、ひとつのテーマに対して、「過去は？」「障害となっているものは？」「周囲の環境は？」といった具合に、いろいろな切り口の質問を項目として設定したものです。そのためスプレッドづくりの最初の手順は、項目を設定することです。定番のもの以外にも、「相性度」「相手の秘密」など、あなたが気になったり、とくに掘り下げたいと思っていることを重点的に設定してみましょう。

　次に項目の数に応じて展開図を決めていきます。ハートにしたり、うずまき形にしたり……。並べる順番も考えていきます。

　最後に決めるのは名前。「スパイラルスプレッド」など、形からイメージしてもいいですし、自分の名前や向いている占いテーマから決めてもいいでしょう。

スプレッドをアレンジしてみましょう

　1からスプレッドを考え出すのが難しいと感じる人は、この本でも紹介しているベーシックなスプレッドをアレンジすることからはじめてみましょう。

　関係者がふたりいるなら「相手」の位置に「Aさん」「Bさん」と2枚のカードを置いてもいいですし、「近未来」の具体的な時期が決まっているなら「2カ月後」「3カ月後」と設定してもいいでしょう。

　そもそもスプレッドは占いをしやすくするためにあるものですから、自分が読みやすいようにアレンジしていいのです。ルールに縛られず、自由につかいこなしましょう。

オリジナルスプレッドにチャレンジ

　一例として、3枚のカードをつかったスプレッドを考えてみましょう。どんな気持ちで、どんな行動をすべきかがわかる「マインド・アクションスプレッド」としたり、表彰台のような形に配置して、レースの1位、2位、3位を占う「表彰台スプレッド」をつくってもいいかもしれません。イメージ力、創造力、センスがものをいいます。魅力的なスプレッドをあなたも考えてみてください。

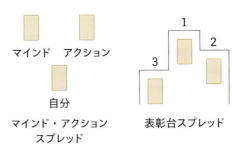

Case 1 ｜ キーパーソンスプレッド

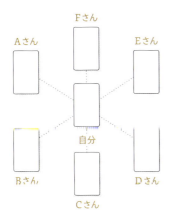

好きな枚数で周囲の人との相性を占う

　自分を中心にして、身近にいる人たちを各ポジションに設定し、出たカードによってその人たちの相性や、誰がキーパーソンとなってくれるかを占うスプレッドです。人数は増えても減っても大丈夫なので、どんなグループにも対応できます。

Case 2 ｜ 関係改善スプレッド

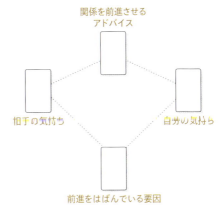

見てイメージしやすい形に配置するのもコツ

　4枚のカードで、人との関係性をよりよくするためのアドバイスを導き出すスプレッドです。左右の両端に自分と相手の気持ち、前方に関係を進めるアドバイス、後方に足をひっぱるものを配置して、ポジションから意味をイメージしやすい配置にしています。

占いの精度を上げるための裏技ってありますか？

➡ タロットと占星術を組み合わせましょう

　得意なもので苦手な部分を補うことで、道を開きやすくなります。タロットの習得に役立つのは西洋占星術です。鑑定の現場でホロスコープとタロットを併用することも多いようです。このふたつの世界はリンクするところがあるため、双方を勉強すると効率よく理解が深まるでしょう。

　たとえば、カバラの神秘学で用いられる「生命の樹」は占星術と対応しています。これをタロットと結びつけたのは、フランスの神秘学思想家エリファス・レヴィ。当時、未発見だった天王星、海王星、冥王星には、風、水、火が割り当てられていましたが、本書では現代に合わせて天王星＝〈愚者〉、海王星＝〈吊るし人〉、冥王星＝〈審判〉で解説しています。天体としての太陽はタロットでも〈太陽〉に該当しますが、月は〈女司祭〉になり、タロットの〈月〉は魚座になるのもおもしろい点です。

　カードと天体、星座の組み合わせにはなるほどといいたくなるものが多く、知性を司る水星は、タロットでは〈魔術師〉に対応します。西洋占星術を学んだことがある人なら、コミュニケーション力、情報収集、機敏さなどの言葉が浮かぶでしょう。それを〈魔術師〉の解釈に応用すればいいのです。

　天体や星座とタロットのつながりを知り、ふたつの世界の豊かさを共有しましょう。

10天体とタロットは対応しています

心のなかを豊かにする

　心を司る月は、〈女司祭〉の精神性に通じます。静かに心で思い考えることが、精神を豊かにするでしょう。心に思い描く理想は、心のよりどころになり、揺るぎない精神が生まれます。〈女司祭〉の足元の月にも注目を。

月

女司祭

生命力でつかんだ勝利

　万物を照らすパワフルな〈太陽〉は、命のエネルギーそのもののよう。自身の存在を示し、やる気や活力を意味します。みずからの力でつかんだ喜びだからこそ、成功と呼ぶのにふさわしいのです。目標へのプロセスも喜びに。

太陽

太陽

知性とコミュニケーション

ローマ神話のメルクリウスから名づけられた水星は、商売や旅行、それに伴うコミュニケーションを司ります。すべてを自在に操る〈魔術師〉の器用さと賢さに通じるでしょう。創造力で不可能を可能にするのです。

 水星 × 魔術師

愛と美で世界を制す

愛と美を象徴するヴィーナス、金星は、愛を意味する〈女帝〉そのものといえます。〈女帝〉のサイドにある盾には、金星のマークが記されています。どんな攻撃にも愛で立ち向かう美しき〈女帝〉なのでしょう。

 金星 × 女帝

すべてを砕くパワー

古代ローマの軍人マルスの名が語源といわれている火星は、戦いに必要なパワーを意味します。〈塔〉を破壊するには、どれだけのパワーが必要でしょうか？ 当たって砕けるようなすさまじい破壊力でしょう。

 火星 × 塔

吉意を示す幸運の輪

勝利や正義を象徴する神ジュピターが語源とされる木星は、幸運と結びつけられています。〈運命の車輪〉が幸運の道へと運命を走らせるように、そうなるべくしてなる宿命のような幸運なのかもしれません。

 木星 × 運命の車輪

長い年月の末の完成

ローマ神話のサトゥルヌスから名づけられた土星は、時間と社会秩序を象徴します。時間をかけて築いた〈世界〉が完成を意味することに通じるでしょう。試練の土星といわれますが、だからこその完成なのです。

 土星 × 世界

なにが起こるかわからない

ほかの星がローマ神話の神を語源とするなかで、唯一ギリシャ神話の神ウラノスが語源とされる天王星。なににも縛られない自由な〈愚者〉の可能性が未知数であるように、どんなことが起きても不思議ではないでしょう。

 天王星 × 愚者

静寂のなかで広がる創造性

海の神ネプトゥヌスが語源とされる海王星は、イマジネーションを象徴します。体を吊るしてひらめきを得ようとする〈吊るし人〉に通じるでしょう。静止した状態から生まれでる考えは、海の恵みのようです。

 海王星 × 吊るし人

魂のよみがえりを暗示

地下の世界と死の神プルトンが語源とされる冥王星は、極限を象徴します。今ある姿から解放されることで、新しい段階へと進んでいく〈審判〉は、極限を迎えた現状から、次の道を選ぶことに通じるでしょう。

 冥王星 × 審判

12星座とタロットは対応しています

トップに立って万民をけん引する

〈皇帝〉の座る玉座の背もたれとひじかけには、牡羊の彫像があります。12星座のなかで1番最初に登場する牡羊座のごとく、〈皇帝〉はトップを走り、人々を率いる人物です。自分の社会を築いて維持するのです。

牡羊座 × 皇帝

求めるのは心の平和

安心と平和を求める牡牛座と、人々の心を安心と平和に導く〈司祭〉です。思いやりの気持ちと優しさで結ばれた関係は、モラルの上に成り立ちます。道徳と倫理の維持には、相手への信頼と心の豊かさが必要です。

牡牛座 × 司祭

私とあなた ペアになるふたり

ふたりの人物を意味する双子座と〈恋人〉です。双子という生まれかたに限らず、仲睦まじいふたりのことを双子のようだというように、一緒にいると心地よい関係です。双子座の軽やかな人当たりにも通じるでしょう。

双子座 × 恋人

守るために戦う母の愛

母性愛を象徴する蟹座には、愛する者を守るために命を投げ打つ戦士の魂が秘められているのでしょう。果敢に戦いに挑んでいく〈戦車〉のようなエネルギーがあふれています。信じたことに突き進むエネルギーです。

蟹座 × 戦車

POINT

占星術の知識はどのように応用するの？

タロットと占星術の結びつきがわかると、どんないいことがあるでしょう？ ひとつは人物を特定する手がかりが増えることです。気持ちを知りたい相手が牡羊座なら、スプレッドのどこかに〈皇帝〉が出たら、その人自身をあらわしていると読めます。仕事を円滑に進めるためのキーパーソンを占って〈恋人〉のカードが出たら「双子座の人物に注目」と解釈することもできるでしょう。

小アルカナでも、ワンドは火の星座（牡羊座・獅子座・射手座）、ペンタクルは地の星座（牡牛座・乙女座・山羊座）、ソードは風の星座（双子座・天秤座・水瓶座）、カップは水の星座（蟹座・蠍座・魚座）にそれぞれ対応しているのでヒントになるはず。

さらに上級者なら、ホロスコープスプレッド（P42）を行う際に、各ハウスに天体のカードが出たら、占星術のような読みかたを取り入れるのもいいでしょう。たとえば「恋をあらわす5ハウスに女帝（金星）が出たら、モテ運が上がる」「地位をあらわす10ハウスに愚者（天王星）が出たら職業上で変化の暗示」となります。

うまく組み合わせられるようになれば、出てくる言葉もより表現豊かになり、リーディングに深みと厚みが増していくでしょう。

不屈の精神で最後まで粘る力

ライオンの姿をした獅子座と、ライオンを手懐ける女性の描かれた〈力〉です。百獣の王という地位は、力まかせの行動では維持できません。前向きな姿勢と気高さ、不屈の精神からくる本質的な力が必要でしょう。

獅子座

力

あらゆる知を蓄えた賢者

観察眼に秀でた乙女座です。乙女の名の通りに繊細で、ほかの人が気づかずにいたことにも目を配り、完璧な理想を求めるのでしょう。積み上げた経験の分だけ知恵を蓄えた〈隠者〉の探求にも通じます。

乙女座

隠者

双方に必要なのはバランス感覚

〈正義〉に描かれた裁判官は公平性をあらわす天秤を持っています。天秤座のモチーフそのものです。偏りのないなめらかな人間関係を築く社交家の天秤座のバランス感覚は、〈正義〉の裁判官にも欠かせない要素です。

天秤座

正義

その毒をもって死へと誘なう

蠍座は、命を殺める毒針を持つサソリが象徴です。刺される獲物も命がけの抵抗をするので、どちらも決死の状態です。どちらに〈死〉が訪れるのかも、さだめられた運命でしょう。中途半端にできない状態です。

蠍座

死

異なる意見にもオープンな態度

高度な学問を司る射手座は、気になる事柄を学びながら、知識の裾野を広げていきます。異なる意見をくみかわすように、知っていることと学びを結びつけるでしょう。〈節制〉が反応を見て調整するイメージです。

射手座

節制

ステイタスへの飽くなき野心

〈悪魔〉として描かれているのは、ヤギの姿をしたバフォメットです。社会の頂点を目指さなくてはいけないという山羊座の自負は、〈悪魔〉の呪縛なのかも。ステイタスを求めることで、みずからを縛りつけるのです。

山羊座

悪魔

未来を切り開く希望の力

〈星〉に描かれた女性は、両手に水瓶をもっています。水瓶は水瓶座のモチーフです。どんなときにも斬新なアイデアで周囲を圧倒する水瓶座は、希望をもち続けています。それは、〈星〉が意味する「希望」に通じるでしょう。

水瓶座

星

すべてがあいまいな実体のない世界

〈月〉に描かれるのは、ザリガニのような生き物があらわれるシーン。水なかには魚座が示すような魚や未知の生き物がうごめいているのでしょう。なにがあらわれる？　どんな生き物？　実態はある？　神秘の世界です。

魚座

月

ホロスコープスプレッドは
読み解くことが多くて「なんとなく」になりがち

ハウスについて知りましょう

　恋愛や仕事、健康など12の運勢を同時に占える、ホロスコープスプレッド。とても便利ですが、すべて読みきれずに浅い読みで終わってしまうことも少なくないのではないでしょうか。

　「なぜ仕事運と健康運がひとつにまとめられているの？」と疑問に思う人もいるかもしれませんね。

　この不思議な12のわけかたは、西洋占星術のホロスコープ（星の配置図）の分割法をベースにしたものです。

　西洋占星術では、地球から見て天体がどの位置にあるかで吉凶を判断します。その位置をはかる基準のひとつが「ハウス」です。ハウスとは、円形のホロスコープを12の部屋に分割したもので、1ハウスは自分自身、2ハウスは金銭と、それぞれが人生のあらゆる場面を司ります。そこに1枚ずつタロットカードを配置し、人生の12の場面でなにが起こるかをあらわす占いがホロスコープスプレッドなのです。

　このスプレッドは、12の運勢をわけて占うのではなく、ハウスの意味をつなげながら読むのがポイント。恋をしたら元気が出て仕事もはかどった、残業が続いたら病気になった、というようにすべての運はつながっているからです。

　右のページに読みやすくなるポイントをまとめましたので、ぜひチェックしながら占ってみてくださいね。

Chapter 4 上級編

ホロスコープを見てみましょう

上半分
パブリックの自分

ホロスコープの上半分は「社会」をあらわします。他者から見られる自分のイメージや、人前でどんな行動をするか、社会的なポジションがどうなるのか、その良し悪しがわかります。

右半分
他者とのかかわり

他人の存在の重要度をあらわす部分です。選択・決定を人にゆだねるなどの受動的な態度も暗示。人を大切にできているのか、ふりまわされているだけなのかがわかります。

職・名誉・社会的地位　　旅行・理想

希望・仲間・人脈

遺産・不労所得・セックス

無意識・ライバル・秘密

10 9 8
11　　7
12　　　6
1　　5
2 3 4

パートナーシップ・結婚

性格・自分自身

仕事・健康・衛生

左半分
自分自身との
かかわり

「自分自身」にどれだけ重きを置くかを示します。進んで前に出るような積極性や自立心を司ります。この積極性がどんな結果をもたらすのかをカードで判断して。

金銭・所有

知識・コミュニケーション

家庭・身内・家族

恋愛・趣味・娯楽

下半分
プライベートの
自分

個人的な感情や自分自身と向き合う時間、家族とのかかわりのように、身近なことに関する運勢のエリアです。衣食住などの生活基盤にまつわる運勢も暗示しています。

カードとハウスの意味を結びつけて

関連するハウスを
結びつけます

お金を占うとき、2ハウスだけではなく仕事を司る6ハウスなど、ほかのハウスも一緒に見ると、読みが深まります。また、向かい合うハウスは意味が対になるもの。ペアで読むのもおすすめです。

カードの性質から
運の強弱を見て

大アルカナやAなど、強いカードが出たハウスは、その運がこれから重要になることを暗示。また、金銭のハウスにお金をあらわすペンタクルが出るのも、ハウスの意味が強調されているととらえてみて。

コートカードは
キーパーソン

コートカードは、その人生の場面に出てくるキーパーソンである可能性が高いでしょう。とくに、5ハウスのように恋愛をあらわすハウスには未来の恋人像がコートカードとして出ることも。

12のハウスの意味を知りましょう

1ハウス

他者に示す
あなた自身の姿です

人から見たあなたの見た目や印象、性格などをあらわします。自分はどんな身なりをして、どうふるまえばいい印象を与えられるのか知りたいときにも便利なハウスです。また、自身の肉体も指すので、体の調子が悪いと、悪い意味のカードが出ることも。天体は火星に、星座は牡羊座に対応しています。

2ハウス

財産や所有物と
収入をあらわします

一般的に金運といえばこのハウスであり、収入や財産を司ります。仕事に関するハウスと一緒に読むことで、労働に見合う対価が得られているかなどもわかるでしょう。また、お金に限らず、ものや時間など資産のつかいかたのセンスがここにあらわれるのです。天体は金星に、星座は牡牛座に対応しています。

3ハウス

コミュニケーションや
知的活動をあらわします

コミュニケーションや会話の円滑さがわかるハウスです。メールなどの通信もこのハウスの担当であることから、現代ではかなり重要なハウスのひとつではないでしょうか。また、知識や情報もあらわし、それをどう生かすべきかを示してくれるでしょう。天体は水星に、星座は双子座に対応しています。

4ハウス

身近で安心できる
場所をあらわします

生きるためのベースとなる衣食住や、家族や親戚などの身近な人との関係をあらわします。ここによいカードが出れば家庭が円満であることをあらわし、悪いカードであれば、家族となんらかのトラブルが起こるか、プライベートを犠牲にするような未来の暗示。天体は月に、星座は蟹座に対応しています。

5ハウス

恋愛や創作などの
自己表現を司ります

個性や才能を発揮して自分を表現することがテーマのハウス。趣味や娯楽、恋愛も一種の自己表現であることから、このハウスの担当分野です。好きと感じること、楽しいと感じることへの気持ちが現実にどう反映されるのかを教えてくれるでしょう。天体は太陽に、星座は獅子座に対応しています。

6ハウス

義務や役割が
キーワードです

義務や役割、習慣、メンテナンスをあらわし、社会にどう貢献すべきか、そして日々の業務をスムーズに行えるかどうかがわかるハウスです。また、習慣やメンテナンスは健康や体調管理にも結びつきます。生活習慣の乱れをカードに教えられることも。天体は水星、星座は乙女座に対応しています。

Chapter 4 上級編

7 ハウス
人との交流や
パートナー関係

1ハウスが「自分」なら7ハウスは「相手」にあたり、人との交流の場面を指します。どんな人とかかわるのか、その交流がどんな結果をもたらすのかなどを読み取っていきましょう。また、ビジネスパートナーや結婚相手などの特定の人をあらわすことも。天体は金星、星座は天秤座に対応しています。

8 ハウス
深い結びつきや
受け継ぐもの

「共有」がテーマとなり、7ハウスよりもさらに深い交流を指すのが8ハウスです。血縁や遺産相続、性生活など、他者との強い結びつきなくしてはできないシチュエーションを担当しています。また、なんらかの死の場面がもたらすものをあらわすことも。天体は冥王星、星座は蠍座に対応しています。

9 ハウス
未知への探求心と
心身の成長

未知の世界へ踏み込み、自身のテリトリーを拡大することが、9ハウスが司る場面です。つまり物理的には旅行が、精神的な拡大には哲学や海外の文化にふれることがあてはまるでしょう。まだやったことのないことに挑戦するときもこのハウスに注目を。天体は木星、星座は射手座に対応しています。

10 ハウス
職業を通じて
得られる地位

このハウスは、社会のなかで到達したい目標や職業をあらわします。同じ仕事でも、実務をあらわす6ハウスとは違い、天職や社会的地位を指します。今の仕事や活動は成功するのか、あるいはどんな地位が得られるのかがここにあらわれるでしょう。天体は土星に、星座は山羊座に対応しています。

11 ハウス
ネットワークや
人脈の質を示します

集団とのかかわりや人脈をあらわすハウスです。ここに出るカードは、あなたの人脈があなたになにをもたらすかを示すでしょう。また、SNS上の人とのつながりを指している可能性もあります。悪いカードの場合、多くの人を敵にまわしている可能性も。天体は天王星に、星座は水瓶座に対応しています。

12 ハウス
目に見えないけれど
影響力をもつもの

無意識に考えることや、隠れた敵など、認識できなくても確実に自分に影響をもたらしているものを司るハウスです。読み解きが難しいハウスのひとつですが、認識できるところでは、ひとりの時間にする、人には絶対に見せない行動を示すともいいます。天体は海王星に、星座は魚座に対応しています。

人を占うときに気をつけるべきポイントは?

「当てよう」と思わないことが大事

占い師が手際よくカードを並べ、相手をドキッとさせる言葉を発する姿に憧れて、タロットを手に取った人も多いのでは。

でも、いざ勉強をはじめると、ちゃんとできているだろうかと不安になり、間違ってはいけないと本に頼りきりで占ってしまいがち。そうすると教科書どおりのリーディングしかできず、応用のきかない占いになってしまいます。カードを読むとき、誰かの真似なんてしなくてOK。私は私という気持ちで、精一杯占いましょう。

いちばん大事なのは、ピュアな気持ちでカード、相手と向き合うこと。「当てて驚かせよう」など邪念が入ると、よこしまな思いが入った読みになります。なぜなら、読む人の心を映すのがタロットだから。

ここからは人を占う際に心にとめておきたいテクニックをご紹介します。どれも実際の鑑定の現場で生まれたものですから、きっと役に立つことでしょう。

相手が興奮しているなら落ち着かせて

占いを望むときは混乱していたり、興奮状態になっていることが多いものです。相手のテンションにつられると、占う側まで緊張し、当てなければと焦りがちに。

プレッシャーを感じやすい人には呼吸法が有効です。慌てているときは息が上がっていることが多いよう。まずは自分の呼吸を整えると、しだいに相手も影響されて、落ち着いてくるはずです。声のトーンを落とすのも有効です。

早口でまくしたてるように悩みをいう人もいますが、ペースに飲まれず、ゆっくりと落ち着いた調子で話しましょう。場の主導権をとることが大切です。

質問を整理して要点をしぼりましょう

鑑定の前になにを占いたいのか聞きます。たいてい未来やアドバイス、問題の原因、人の気持ちですが、混乱している場合がほとんど。占う側が質問をしながら要点を整理していく必要があります。

「冷たくなった彼がなにを考えているのか知りたい」という場合、まずはどういう状況にあるのか（冷たくなったのは理由があるのか、当人がそう感じているだけなのか）を聞き出します。

事実をきちんと確かめることはとても大切。意外と妄想に駆られていり、まわりから見れば、思い込みでは？といったこともあるはず。

なにが想像や願望なのかを見極める、冷静な視点をもつことが大切です。

絶対浮気している…… 彼がなにを
考えているのか知りたいんです！

彼の浮気は事実なのですか？

なかなか会ってくれないのは
浮気しているからに決まっています！

ではまずは彼の現在の状況を
占ってみましょう

質問者の意志を確かめましょう

占う前に、必ず確認しておきたいのが、その人がどんな未来を望んでいるかということ。彼と別れたいのか、関係を続けたいのか、などです。そこが明確になれば、占うべきポイントが見えてきます。ただし自分の意志と正反対のことをいう人、現状認識が偏っている人も。「恋を諦めたい」といっていても、自信がないだけで「本当は両思いになりたい」と思っていたり、嫌われていると思い込んでいて、客観的に見ればなんの問題もなかったり。

こうした「人を見る目」はタロットだけで培われるものではありません。日ごろの観察力がものをいいます。

彼のことは好きだし
関係は続けたいんです……

ではなかなか連絡をくれない彼が今
どんな状況にあるか占ってみましょう

ではなぜ彼が冷たくなったのか
その原因を占ってみましょう

相手に質問しながら読み解きましょう

鑑定のスタイルは人それぞれですが、無言になったり、ひとりで一方的にしゃべるのではなく質問者と会話をしながら占っていくのがおすすめです。

なぜなら、当事者しか知らないことがたくさんあるから。そのためにも、相手からカードを見て感じたことを聞いてみるのはとても重要です。

同じカードを見てもお互いに違う印象を抱いていたり、予想外のポイントが気になっていたりすることもあります。

相手の思いを確認していくことで、見当違いな結論を導き出すのを避けることができるでしょう。

> 気になるカードはありますか？

> このカードを見てどう思いますか？

> このカードからこんなふうに読めるのですが、思い当たることはありますか？

悪い結果は伝える？ 伝えない？

占っていると、悪い結果が出ることもあります。それをどのように伝えるか、あるいは伝えないかは重要。相手の心理状態を見極める必要があります。

結果を受け止められなさそうだったり、余計な不安を与えないほうがいいタイプには、注意点と解決策だけを伝えましょう。

たくましく未来を切り開ける人、もしくは夢ばかり見ている人には、現実を知ってもらうために、あえて厳しい結果を伝えることも。

いずれにしろ、出た結果は予想にすぎず、未来が訪れるまでの間にかえられることを必ず伝えて。

> このままだとこういうことになってしまうかもしれません

> そうならないためにはここに気をつけましょう

> これは現時点での可能性にすぎず未来はかえることができます

> 本気でかわろうと思わなければ現状はこのままです

> 今動かなければなにもかわりません勇気を出す覚悟はありますか？

意外と大事なのが場のクロージング

　当たっていると感じてもらえると、あれもこれも占ってとなりがちです。
　そろそろ切り上げたいというときは、「最後に」というフレーズが効果的。「最後にアドバイスカードを引きますね」といって1枚引き、コメントするだけでクロージングしやすくなります。
　このときルーンをつかってメッセージを伝えるのもおすすめです（P148）。別の占術なので空気が切りかわりますし、ルーンはタロットと違って怖い絵柄がないので、どんな鑑定結果が出ても励ましのメッセージを送りやすいのです。

次は仕事についても占って！

これが最後の質問ですね

では最後に1枚、引いてください
それがアドバイスです

はじめと終わりをはっきり告げて

　人を占うようになったら気をつけたいのは、きちんと一線を引くこと。フレンドリーに接しすぎると、友だちのようになってしまい、「なんでもいいから占って」「1枚だけ引いて」とキリがなくなります。そこで「占いをはじめます」「終わります」という宣言はしっかりしましょう。
　また場の力をつかうのも有効。鑑定がはじまる際はふたりの間にタロットを置くこと。占う人と質問者はそのタロットを通じてつながります。終わったらタロットを自分のほうに戻したり、しまってしまいましょう。それにより「他人」に戻る意識が生まれやすくなります。

占いできるんだって？
なんかちょっと占ってよ

あともう1個だけ占って！
じゃあ全運！

じゃあ、これが最後の質問ね

Column 5

タロットパーティで
楽しくリーディング力をアップ！

　友だち同士で集まったときにタロットがあると、とても盛り上がります。悩みを打ち明け、互いを占い合うのは楽しいものです。
　さらにおすすめなのが、あなたと同様にタロットを学んでいる最中の友だちと語り合うこと。「好きなカードと嫌いなカードを挙げて、理由を話す」「イケメン、いい女、信用ならない人など〈○○な人〉をテーマに、イメージするカードを挙げる」「このカードが出るとよくこういうことがある、というエピソードを話す」など、テーマを設けて話し合ってみましょう。
　人はそれぞれに違う受け止めかたをするため、目からウロコの発見があるはず。自分には思いつかないような斬新な解釈が飛び出し、1枚のカードに新しい意味が加わることもあるでしょう。誰が正しく、誰が間違っているということはありません。楽しみながらタロットの柔軟なリーディング力を養っていきましょう。

きっといいことが
ありそう！

流れに身をまかせて
いいんじゃない？

でも幸せって
そういうことかな？

そういえば
さっきのカードって……

Chapter 5

実践編

ここまでに紹介してきたテクニックを
リーディングにどのように生かせばいいか
実際の悩みを占いながら解説します。

どんどん占って
実占力を高めましょう

型にハマるよりも
自由なタロットリーディングを

　タロットには、様々なルールや作法が存在すると思っている人が多いかもしれません。でも、そんなことはないのです。使用するカードの枚数だってかえてかまいませんし、スプレッドを変形させたり、わからなければどんどん引き足したりしてもいいのです。カードを展開したときになにかピンとくるイメージがあれば、テキストの意味より直感を優先させてもいいでしょう。要は、投げかけた質問に対して、しっかりと答えやヒントを得られればいいのですから。

　問われるのは、型にハマらない、臨機応変なアドリブ力。そこがタロット占いをするおもしろさともいえるでしょう。本来のタロットリーディングはとても自由なもの。「こうしなければ」という固定観念に縛られず、あなたらしいリーディングを目指しましょう。

　そのためのヒントとして、私が実際に鑑定した例を解説していきます。ここまでに紹介したテクニックをどのように用いているか、そしてそこからどんな答えを引き出しているかに注目しながら読んでみてください。とくに、アドバイスカードがいかに解釈に役立っているかがわかるでしょう。

　アドバイスカードを引くときは、展開しているカードを山に戻さず、残りのカードから引きます。そうすることで、スプレッドとアドバイスカードをひもづけた、さらに深い読みができるようになるのです。

　実際の鑑定では、出たカードすべてにふれていますが、ここでは重要だと判断したカードをメインに解説しています。

Chapter 5 実践編

収入を上げるにはどうすればいい?

「入社当時から給料が上がらず、ボーナスの額にもがっかり……。毎月の収入を増やすにはどうすればいいのでしょうか? 副業も視野に入れています」

使用スプレッド
ワンオラクル
(ペンタクルのみ)

アドバイス
ペンタクルの8

おすすめの副業
ペンタクルの10

ペンタクルだけで金運を占ってみて

金銭面の悩みはペンタクルのみでも占えます。〈ペンタクルの8〉は成果に納得できない状態をあらわすカード。がむしゃらに努力するのではなく、売り上げ数など目に見える実績をつくる必要があります。副業のヒントを引いたところ、〈ペンタクルの10〉が出ました。ブライダル関係の仕事に適性がありそう。小アルカナでもっとも大きい数なので、大幅に収入が上がるかもしれませんよ。

25 恋、仕事、お金についてもっと的確に答えがほしい!➡ヌーメラルカードを活用しましょう(P152)

気の合う友だちが欲しいです

「就職のために引っ越してから、友だちと呼べる人がひとりもいません。どんな人が私の友だちになってくれるのでしょうか。出会いがある場所も知りたいです」

使用スプレッド
ワンオラクル
(人物像占いはコートカードのみ)

人物像
カップのキング

出会いの場所
ソードの7(逆)

人物はコートカード 場所は背景をヒントに

未来の友人像なので、コートカードのみで占ったところ〈カップのキング〉が出ました。その人は年上の男性である可能性が高いでしょう。包容力があり、落ち着いた性格です。出会いの場所に出たのは〈ソードの7(逆)〉。にぎわう場所から逃げてきた人をあらわすので、静かな場所を暗示。正逆問わずに読むなら、背景に描かれたテントから、アウトドアの場とも読めます。

11 気になることの多い人間関係を簡単に占えませんか?➡コートカード16枚で占えます(P97)

鑑定例 3　最近、なんとなく体力が落ちています

「病気があるわけではないのですが、最近疲れやすく感じます。やる気があっても体がついていかないことも。元気になるにはどうすればいいでしょうか」

使用スプレッド
ワンオラクル

本来の意味に至らない状態をあらわす逆位置

原因は〈ペンタクルの2（逆）〉。バランスを取ることをあらわすカードですが、逆位置で出たことから、睡眠や食生活のアンバランスさが原因という意味に。アドバイスは〈運命の車輪（逆）〉。「忙しいから食べない」、「時間があるから食べる」というようななりゆきまかせな生活を正すことが大事です。〈悪魔〉や〈月〉のような病気や虚弱体質をあらわすカードではないので、心がけしだいで体力は回復するはず。

原因
ペンタクルの2（逆）

アドバイス
運命の車輪（逆）

20 逆位置の意味まで覚えられず読み解きが止まってしまいます ➡ 3つの基本パターンを理解しましょう（P132）

鑑定例 4　仕事のメールはどんな文章にすべき?

「はじめての相手にメールで仕事の依頼をしようと思っています。相手の人柄をふまえて、どんな文章を送るといいのかを知りたいです」

使用スプレッド
ワンオラクル
（人物像はコートカード、
文章はソードのみ）

コートカードで相手の人柄をチェック

相手の性格は〈ソードのナイト（逆）〉。正位置ならば、はっきりとした人をあらわしますが、逆位置ではまわりくどい、斜に構えた性格に。対処法は〈ソードの6（逆）〉。正位置では「逃げ」を意味するカードですが、逆位置なので逃げずに取り組む必要があります。

相手からの指摘や質問を想定し、隙のない説明を心がけると好印象。

人物像
ソードのナイト（逆）

アドバイス
ソードの6（逆）

10 コートカードがみんな同じように見えてしまいます ➡ 人物のキャラクターをイメージしましょう（P92）

Chapter 5 実践編

ネット記事の閲覧数を上げたいです

「仕事でウェブ連載をしていますが、アクセス数はいまいち。人気記事を打ち出す方法と、他人と協力する記事や取材記事のアドバイスが知りたいです」

使用スプレッド
ワンオラクル

全体的なアドバイス
ペンタクルのナイト（逆）

他人と協力する
記事へのアドバイス
カップの2

ほかのスートと比較して読みましょう

　全体的なアドバイスに出たのは〈ペンタクルのナイト（逆）〉。数字やお金をねらわず、書きたいものを書くほうが魅力的な記事に。他人と協力する方法には〈カップの2〉が出ました。タッグを組む人と話すうちに、お互い「これはおもしろそう！」と気持ちが一致した企画が人気を生む暗示。取材をした場合の記事については〈ペンタクルのクイーン（逆）〉。取材先では意外な質問をすると、いい話が聞けそう。また、ここでソードが出れば「当たり前を壊す」となるのですが、ペンタクルなので「当たり前を新たな切り口でネタにすること」がヒットの要因になるはず。

▍テキストがないと小アルカナの意味がわかりません ➡「スートと数」で考えましょう（P70）

取材をする記事への
アドバイス
ペンタクルのクイーン（逆）

未来
カップの10（逆）

出ていないエレメントを意識して

　未来は〈カップの10（逆）〉。「退屈」とも読み取れますが、「型にハマらない」「リブカルチャー的になる」というイメージがわきました。今までの流れから抜け出そうとする意欲がカギになりそうです。

　また、上の2枚も含め、火と風のエレメントが出ていないことに注目してみるといいでしょう。閲覧数が急上昇するというよりは、時間をかけてじわじわと人気が出そうです。

▍いつも同じ意味しか引き出せないカードがあります ➡ 視点をかえる工夫をしてみて（P124）

鑑定例

義母の存在がストレスです

「義母が、私のやることなすことすべてを否定してきます。夫に仲立ちしてもらうか、義母と距離をとるべきか、話し合いをするか、どうすればいいでしょうか？」

使用スプレッド
択一

その後の展開
ワンドの7

その後の展開
ペンタクルのA

その後の展開
ソードの2

その後の展開
戦車（逆）

夫の仲立ち
カップの9（逆）

距離をとる
カップの6（逆）

話し合う
ソードのナイト

放っておく
ペンタクルの2

質問者の態度
ペンタクルの4

引き足し：
アドバイス
カップの5

択一の結果に優先順位をつけてみましょう

　義母からの単なる嫌がらせであれば、飽きれば収まる可能性もあるので、選択肢に「今まで通り過ごす」を追加しました。〈ペンタクルの4〉から質問者は、自分がなんでもやらなくてはと自負している様子。次に印象的だったカードは、距離をとった場合のその後の展開〈ペンタクルのA〉。距離をとることで、義母がわがままになりそうな〈カップの6（逆）〉ですが、最終的にポジションを確立できそうです。夫の仲立ちは〈カップの9（逆）〉であまり意味がなく、今よりは有利に立ちまわれても〈ワンドの7〉なので小競り合いが続くだけでしょう。話し合いは〈ソードのナイト〉で、正論をぶつければ〈ソードの2〉なので落ち着きそうです。今まで通り過ごすと〈ペンタクルの2〉、当面はうまくまわせますが、反りが合わない状態のまま〈戦車（逆）〉になる暗示。おすすめは、距離をとることで、その次に話し合いです。

15 スプレッドのなかでどのカードがカギなのかわかりません
➡ カードの強さに注目しましょう（P110）

POINT

絵柄の人物をあてはめて

アドバイスカードは〈カップの5〉で、この人物が義母に見えました。見たいものだけを見たいのでしょう。話が通じにくい相手なので、言動にいちいちまじめに反応せず、適当に合わせておき、質問者のペースに徐々にシフトするのを目指しましょう。義母は、自分だけが取り残されたと感じている可能性もあるので、表面上はとげのない態度を心がけて。

Chapter 5 実践編

鑑定例 6

受験生の子にどのように接したらいいですか?

「高3の男の子、中3の女の子の母親です。ふたりとも今年から受験生になるのですが、子どもの性格が違いすぎて、どのように接すればいいか迷っています」

使用スプレッド
択一

息子への言葉
ワンドのキング（逆）

息子への接しかた
ソードのキング

質問者の態度
カップの6（逆）

娘への接しかた
ワンドの3（逆）

娘への言葉
ペンタクルの3（逆）

具体的な対応をタロットで引き出して

息子さん、娘さんへの対応を択一の形式で見べつつ、ふたりにどんな言葉をかければいいか、オリジナルの項目を設定して占いました。質問者の態度は〈カップの6〉で、懐かしむ気持ちをあらわしますが、逆位置では過去の感傷にひたってかわいがりすぎないことが大切。旅館のように至れり尽くせりなんでもしてあげるのではなく、欲しいときに自分から取りにくるようなセルフサービスの愛を目指すとよさそう。息子さんは〈ソードのキング〉なので、理論的なアプローチが◎。「勉強しなさい！」と頭ごなしにいうより、「勉強しなくてもいいけれど、困るのは自分だよ？」とクールにいうほうが響くかもしれません。娘さんは〈ワンドの3（逆）〉。動き出すカードですが、逆位置で出ているということは、「しっかり勉強しているんだろうな」と思ったら、意外としていなかったり。ちゃんと見てあげたほうがいいかもしれませんね。

- テキストの意味にとらわれてかたい言葉しかうかびません
- 身近な光景に置きかえてみましょう（P84）

— POINT —

相手にかけるべき言葉も占える！

今回はふたりが落ち込んだときのそれぞれの励ましかたも占いました。息子さんは〈ワンドのキング（逆）〉で「受かるわよ、お母さんの子なんだから！」と、本人の情熱を触発するいいかたがよさそうです。娘さんは〈ペンタクルの3（逆）〉。がんばりが認められている実感が薄いようなので「お母さんはわかっているよ」という態度を見せるといいでしょう。

鑑定例 8 ： 2年以内に結婚したいんです

「親から、そろそろ結婚は……といわれていて、焦りを感じています。この2年以内に結婚するにはどうしたらいいでしょうか？」

使用スプレッド
スリーカード

結果（今年）
ペンタクルの8

原因
カップの10（逆）

結果（来年）
隠者（逆）

アドバイス
ソードの10

願いにあわせてスプレッドをアレンジ

「2年以内」という期限が明確な悩みだったので、スリーカードをアレンジし、「原因」「結果（今年）」「結果（来年）」「アドバイス」という4枚で占いました。出会いの時期としては、〈ペンタクル8〉が出た今年が有望。来年までのんびりしていると、ひっそりとした〈隠者（逆）〉のような日々になってしまうかも。〈ペンタクルの8〉はコツコツと積み上げるカード。電撃的に出会うのではなく、会話を重ねて信頼関係を育んだ末のゴールインとなりそうなので、早めに出会いを求めて動いて。結婚に至らない原因は〈カップの10（逆）〉。「家族が欲しい」と結婚を意識しすぎるあまり、本来相性のいい人を候補からはずしてしまっている可能性が。アドバイスは〈ソードの10〉。親、年齢、まわりの状況などが剣の1本1本となってプレッシャーをかけてきますが、これは夜明けを暗示するカード。気にせず、マイペースで恋を楽しむ精神がカギに。

─ POINT ─

スートが意外なヒントになることが

〈ペンタクルの8〉から、さらに具体的に出会いの時期を推理してみましょう。カードの人物は、ちょうど上から6枚目のペンタクルをつくっているところです。この占いをしたのは1月だったため、1枚のペンタクルを1カ月と考えると「6月に印象的なできごとがある」と読むことができます。こうしたことからもタロットのメッセージを読み解いてみましょう。

27 質問にぴったり合った占いがしたいです
➡ 自分でスプレッドをつくってみましょう（P168）

突然の異動に戸惑っています……

「先月今までとはまったく違う部署に異動になりました。新しいところになじみたいですが、前の仕事をまだ続けたい気持ちも。この先、どうすればいいですか？」

使用スプレッド
スリーカード

原因
ペンタクルの3（逆）

結果
ワンドの10

アドバイス
カップの2

過去
カップの9

現在
死

未来
塔

スリーカードの二重づかいでより念入りに

運気と問題解決、スリーカード2種の組み合わせです。現在が〈死〉で、異動の辞令は受け入れざるを得ない、さだめのようなものだったことを示しています。今はまっさらなステージ地点。過去は〈カップの9〉で、満足感のある部署で楽しくやれていたため戻りたい気持ちになっているのでしょうが、未来は〈塔〉で、今後さらなる変動がある予感。なぜこうなったのか、そして今後の行動指針を、もうひとつのスリーカードで見ると原因は〈ペンタクルの3（逆）〉で、実は前の部署で力を十分に評価されておらず、それが異動につながったよう。でも、このままいくと最終予想は〈ワンドの10〉、キャパシティ以上の仕事をまかされることに。アドバイスの〈カップの2〉は今なら交渉の余地ありと告げています。運気的にも動きのあるときなので「私が本当にやりたいのはこれ！」と人に伝えれば、意外とすんなりと希望が通るかもしれません。

POINT

言葉からイメージを広げてみましょう

カップの「くむ」は、意向を「くんで」もらえることに通じるため、「交渉の余地あり」と解釈しました。ほかにもワンドは「掲げる」ものですが、ポリシーを「掲げる」という意味にも通じますし、カップを「見せる」のには「魅せる」意味合いもあるでしょう。このようにモチーフをそのまま言葉にしてみると、イメージを広げるヒントにもなるのです。

26 占った結果から新しい疑問が出てきたときはどうすればいいですか？
➡ スプレッドを組み合わせてみましょう（P162）

鑑定例 10　運命の人に出会うには?

「おつきあいをしても、結婚まで至りません。合コンや婚活をしてもいい出会いがなく……どうすれば運命の人に出会えますか？」

使用スプレッド
ホースシュー

今の自分カード
ソードのキング

過去
ワンドの2

現在
力（逆）

近未来
隠者

周囲の状況
ペンタクルのA（逆）

アドバイス
カップの10

最終予想
ペンタクルの3（逆）

障害となっていること
カップのA（逆）

引き足し：相手の人物像
カップのキング

引き足し：アドバイス
カップの4（逆）

よくない結果とすぐに判断しないで

「今の自分カード」は〈ソードのキング〉。質問者が恋愛に冷静な姿勢であることがわかります。障害の〈カップのA（逆）〉と周囲の状況〈ペンタクルのA（逆）〉から、結婚できるか相手かどうかをシビアに判断する姿勢が、異性を遠ざけているようです。アドバイスの〈カップの10〉も、恋愛を楽しむ純粋な気持ちが大切と告げています。近未来に孤独なカード〈隠者〉がありますが、最終結果は〈ペンタクルの3（逆）〉。本来であればチャンスをつかむカードで、教会が描かれていることから結婚への準備も暗示しています。異性を理性的にジャッジせず、広く受け入れる心をもてば結婚へつながる可能性はおおいにあるでしょう。出会うためのアドバイスを引き足したところ〈カップの4（逆）〉が出ました。身近なところから、出会いを探してみるようにと示しています。相手の人物像は〈カップのキング〉。心が広く、愛情深い人物を探してみて。

POINT

キーとなるスートを見つけ出して

カップは感情を司るスート。障害とアドバイスにカップが出たことから、「感情」が恋を成就させるキーワードになります。決め手は引き足しカード。アドバイスの〈カップの4（逆）〉と相手の人物像の〈カップのキング〉が出たことから、すでに出会っていると読んでいいでしょう。このように、同じスートが連続して出る場合は、強いメッセージだと考えて。

---

21 どうしても読めないカードが出たときにヒントがほしい！
➡「引き直し」ではなく「引き足し」て（P146）

Chapter 5 実践編

鑑定例

最近、急に肌の乾燥が気になっています

「ここ数カ月、肌が乾きやすいのが悩みです。メイクのノリも悪く、鏡を見るたびにブルーな気分に……不眠症も影響しているのでしょうか？ 乾燥の原因を知りたいです」

使用スプレッド
ホースシュー

過去
節制（逆）

現在
カップの9（逆）

近未来
ペンタクルのクイーン

アドバイス
ソードの9

周囲の状況
太陽（逆）

障害となっていること
ソードの7

最終予想
司祭

健康状態や生活習慣もカードにあらわれます

　はじめに現在〈カップの9（逆）〉が目につきました。肌から大量に水分が逃げている現状が読み取れます。過去〈節制（逆）〉は自分の水分で補いきれていない様子。状況は〈太陽（逆）〉。正位置であれば良好な健康状態のカードです。しかし、逆位置は「本当はもっと輝けるのに、今はかけりかある」という意味に。障害は〈ソードの7〉。ケアをしているつもりで、実はケア不足かもしれません。アドバイスは喪失の悲しみをあらわす〈ソードの9〉。本来の自分がもつ美しさのありがたみに気づき、自分をもっと大切にするべきでしょう。また、質問者は不眠症ぎみとのこと。十分に睡眠が取れていないことも原因かもしれません。しかし、近未来に〈ペンタクルのクイーン〉があるので、地道なケアでもち直せそう。最終予想も大アルカナの〈司祭〉が出ているので、本来の健康な肌をとり戻せる可能性が高いです。

19 いい言葉が思い浮かばず占いに時間がかかってしまいます
➡ 3秒ルールを徹底しましょう（P128）

POINT

絵柄からそのまま読み取ってみて

　解説書通りに〈カップの9〉を読むと「甘やかす」「生活習慣の乱れ」となりますが、逆さになった9つのカップから「肌の水分が逃げる」と読みました。また、〈太陽（逆）〉は「紫外線の悪影響を受けている」という読みかたもできるでしょう。このように、テーマにあわせて柔軟にイメージを広げることで、より質問に合った的確な答えを得ることができます。

希望の部署で仕事がしたいです

「今の会社に入社してから何度か異動を経験していますが、なかなか希望の部署で仕事することができません。どうすればやりたい仕事ができるようになるのでしょうか」

使用スプレッド
ヘキサグラム

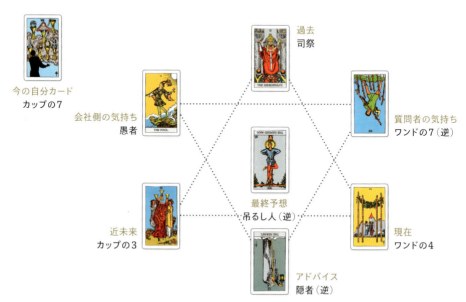

今の自分カード　カップの7
会社側の気持ち　愚者
過去　司祭
最終予想　吊るし人（逆）
質問者の気持ち　ワンドの7（逆）
近未来　カップの3
現在　ワンドの4
アドバイス　隠者（逆）

「相手」に会社をあてはめて占いましょう

「今の自分カード」は〈カップの7〉。興味のある部署が複数あり迷っているようです。また、質問者の気持ちの〈ワンドの7（逆）〉に、やる気があるのに発揮できない歯がゆさがあらわれています。過去〈司祭〉は入社当時の喜びが出ており、現在〈ワンドの4〉は、希望通りの部署ではなくとも、それなりに楽しく仕事をしている様子。近未来の〈カップの3〉は「今の楽しい状態が続く」とも取れますが、部署の送別会の乾杯というイメージに見えます。結果は〈吊るし人（逆）〉なので、憧れの部署へ異動できても、思っていた未来と違う感じがするのかもしれません。会社側の気持ちは〈愚者〉で、質問者の悩みを深刻にとらえていないようです。アドバイスは〈隠者（逆）〉。意志は会社にはっきり伝えたほうがいいでしょう。希望の部署は複数あるとのことですが、どれが自分にいちばん合うか、理想を明確にしておくと、異動後に違和感を抱くこともなくなりそう。

20 逆位置の意味まで覚えられず読み解きが止まってしまいます
→ 3つの基本パターンを理解しましょう（P132）

--- POINT ---

解釈が難しいときは一度正位置に

最終予想の〈吊るし人（逆）〉は解釈が難しいカードのひとつ。逆位置が読みづらいときは、一度カードの正位置の意味を確認することが大切です。〈吊るし人〉が正位置であれば、「目標へ前向きに対処しようとするひたむきさ」を暗示します。これを逆にすることで、「目指す場所にうまくつながれていない＝希望の部署での違和感」という解釈になりました。

Chapter 5 実践編

鑑定例 13 子どもを望みつつ、犬も飼いたいです

「昨年に結婚をして、そろそろ子どもがほしいと思いつつ、犬も飼いたいです。犬、子どもと家族で仲よくできますか。よくばりすぎでしょうか」

使用スプレッド
ヘキサグラム

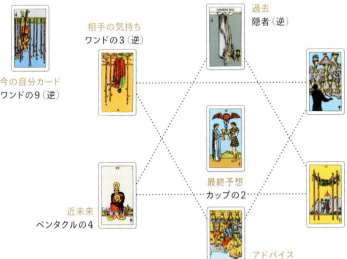

今の自分カード
ワンドの9（逆）

相手の気持ち
ワンドの3（逆）

過去
隠者（逆）

質問者の気持ち
カップの7

最終予想
カップの2

近未来
ペンタクルの4

現在
ワンドの4

アドバイス
カップの6（逆）

引き足し：アドバイス
ソードのキング（逆）

現状とひもづけて気持ちを探りましょう

「今の自分カード」は〈ワンドの9（逆）〉。「犬と子どもがいたらいいけれど、今の状態でも幸せ」という様子。質問者の気持ち〈カップの7〉からも「犬を飼って子どもと暮らすこと」は人生の選択肢のひとつにすぎないことがわかります。相手、つまり質問者のパートナーは〈ワンドの3（逆）〉。正位置であれば実現の機会をうかがっている状態ですが、今回は逆で出たことから、質問者と同様に焦ってはいないようです。実際に、今も十分幸せな状態が現在の〈ワンドの4〉に出ています。近未来に〈ペンタクルの4〉、最終結果に〈カップの2〉があることから、ペットは子どもと仲よくできそう。アドバイス〈カップの6（逆）〉はギフト、つまり犬を無理に手に入れようとしないこと、と読みました。引き足したアドバイス〈ソードのキング（逆）〉をみても、相性のいい犬とのご縁は焦らず、巡り合わせを待ってみては。

18 カードをたくさん並べるスプレッドが読み解きにくいです
➡「今の自分カード」を活用しましょう（P126）

POINT

絵柄を優先して読み解いてみて

アドバイスに出た〈カップの6（逆）〉。「過去・思い出」という一般的なキーワードから、「昔の経験にヒントが」とあいまいな答えになりがち。ピンとこないときは「ギフト」というように絵柄から判断をするのも手です。それでも難しいときは、もう一枚引き足すといいでしょう。今回の〈ソードのキング（逆）〉のように補足するような答えが出るはずです。

鑑定例 14 私のいるべき場所はここなのか迷っています

「今30代なかば、仕事は好きだし楽しいけれど量が多くて大変です。がんばっているのに報われないと感じることも多くて、こんな状態をなんとかしたい！」

使用スプレッド
ハートソナー

今の自分カード
ペンタクルのペイジ

質問者への印象（内面）
カップの9（逆）

周囲の人たちの状況
ソードの8（逆）

現在
ペンタクルの4（逆）

質問者の状況
ワンドの7

引き足し：アドバイス
力

質問者への印象（外見）
ワンドのナイト（逆）

アドバイス
カップの2（逆）

近未来
ソードのペイジ

周囲の人たちの願望
ペンタクルの6

逆位置の解釈をうまく活用

「まわりの人が質問者になにを求めているのか」という観点で、恋愛ではありませんが、ハートソナーで占ってみました。パッと目についたのが、活気があってがんばっている質問者を示す〈ワンドの7〉と、じっと助けてもらうのを待っている周囲の人たちを示す〈ソードの8（逆）〉の対比。実は質問者への印象（外見・内面）をはじめ、まわりの人を意味する位置に逆位置のカードばかりが出ているのです。頼りがいある質問者に甘えていることへの申し訳なさがあらわれているよう。唯一、周囲の願望の位置に出ている〈ペンタクルの6〉は正位置ですが、「今後も助けて欲しい」という、質問者への要望なのかも。解決策としてアドバイスカードを引いたところ〈力〉。受け身でいると、どうしてもやらされていると感じてしまうので、自分が仕切り役にまわり、「これは私が」「これはお願いします」と、積極的に周囲を動かす存在を目指しては？

15 スプレッドのカードの意味をつなげられません……
➡「目に見えない糸」を見つけましょう（P116）

POINT

やっぱり便利！ハートソナー

恋愛向きスプレッドのハートソナーですが、実は恋愛以外にもつかえます。「外見（ふるまい、行動や態度）」「内面（考えかた、性格、情緒）」とすれば、他人からどのように見られているか、どのようにつきあえばよりよい関係になれるかを見ることができるのです。今回のように部署の同僚からどう思われているか、というのも新鮮なつかいかたでしょう。

Chapter.5 実践編

鑑定例 15

お金のことで夫とケンカをしてばかり……

「結婚1年目で、夫が浪費家なのが気になっています。基本は仲よしなのに、お金のことではいい争いになります。お金をふやすにはどうすれば？」

使用スプレッド
ケルト十字

最終予想
世界（逆）

障害となっていること
ペンタクルの2

質問者の顕在意識
（考えていること）
ワンドの9

質問者の願望
ワンドの2（逆）

近未来
運命の車輪（逆）

質問者の状況
カップの4

過去
節制

周囲（もしくは相手）の状況
力（逆）

質問者の潜在意識
（感じていること）
戦車

質問者が置かれている立場
女司祭

大アルカナの対比で性格の違いを読んで

　最終結果に〈世界（逆）〉が出ています。逆位置ですが、これは悪くはありません。なぜならお金の世界に完成はあり得ないから。むしろ未完成であることは成長の伸びしろを感じさせます。このほかにも〈運命の車輪（逆）〉、〈ペンタクルの2〉、〈ワンドの2（逆）〉など、丸いものが多く出ていて、お金への意識の高さがあらわれているよう。とくに顕在意識の〈ワンドの9〉、潜在意識の〈戦車〉がともに正位置で、お金に関する攻守のそなえは万全といったところ。ただし質問者は几帳面な〈女司祭〉、ご主人はすぐに投げ出す〈力（逆）〉と、財布のひものゆるさは真逆です。障害として出たのが〈ペンタクルの2〉で、別名「やりくりカード」です。少額のやりくりは面倒な割に利益も少なく、ご主人ともケンカになり……とあまりいいことがなさそう。家庭内円満のためにも、過度な節約をするより、投資や副業など、より稼ぐ方法を考えてみては？

❾絵柄を見るだけで読み解きの手がかりを見つけられますか？
➡色・人・スートに注目しましょう（P88）

— POINT —

絵柄から読み解くもうひとつの解釈

　願望の位置に出た〈ワンドの2（逆）〉をカードの意味ではなく、絵から読むこともできます。男性が手にしている地球をお金とイメージしてみましょう。2本のワンドは、質問者と配偶者をあらわしています。お金はみずからの主導権をどちらに預けるつもりでしょう？ひとりで貯めて、ふやしていくのはなかなか大変。一緒にやるほうが家庭も円満に。

1年間の運勢が知りたいです！

「今日は私の誕生日なので、新しい1年が月ごとにどんな運気になるかを知りたいです。とくに、仕事が忙しいので、今後どんな流れがあるか関心があります」

使用スプレッド
ホロスコープ

今の自分カード
ワンドのA

11月の運勢
ペンタクルの4

10月の運勢
ペンタクルの3

9月の運勢
ソードの6（逆）

12月の運勢
ソードの8（逆）

8月の運勢
塔

1月の運勢
世界（逆）

アドバイス
ペンタクルのペイジ（逆）

7月の運勢
ワンドのナイト（逆）

2月の運勢
ペンタクルのA

3月の運勢
ワンドの6（逆）

4月の運勢
ソードの3（逆）

5月の運勢
ソードの5

6月の運勢
カップの8

絵柄の共通点を読み解きに生かしましょう

全体的に動きのある絵柄のカードが多く、変化の激しい1年になりそうです。1月の〈世界（逆）〉は、完璧とまではいかなくても楽しい1カ月に。3月の〈ワンドの6（逆）〉は企画を通したはずが不確定だった、というできごとの気配。4月は〈ソードの3（逆）〉。逆さのソードが三脚のように見えたので、心をしっかりと支えようとする決心が固まりそう。5月は人の入れかわりがありそうです。7月は〈ワンドのナイト（逆）〉。これまでの状況を立て直そうと奮闘した結果、8月〈塔〉に変化を起こします。しかし、9月〈ソードの6（逆）〉は、まだこの変化に乗るのに苦労しそうです。年末の12月は〈ソードの8（逆）〉で少しずつ自由をとり戻せる暗示。2月や10〜11月はペンタクルがすべて正位置で出ており、金運に恵まれた1年に。アドバイスは〈ペンタクルのペイジ（逆）〉。低姿勢になりすぎず、強い自信をもって臨むことが大事です。

POINT
「今の自分カード」をふまえてみて

8月の〈塔〉。災難に巻き込まれるか、みずから変化を起こす月になるのかでは大きな違いがあります。読み解くには「今の自分カード」の〈ワンドのA〉と7月の動きをあらわすカード〈ワンドのナイト（逆）〉を結びつけるのがコツ。ワンドが今の自分を示すことから、7月の〈ワンドのナイト〉も自分ということになり、「みずから働きかけた変化」と読めます。

15 スプレッドのカードの意味をつなげられません……
➡「目に見えない糸」を見つけましょう（P116）

Chapter 5 実践編

鑑定例 17

第二の人生はどのような運になりますか

「子どもも独立し、来年は年齢的に節目を迎えるので、第二の人生をどう生きようか考えています。仕事やプライベートがこれからどう動いていくのか知りたいです」

使用スプレッド
ホロスコープ

今の自分カード
ソードの8

希望・仲間（未来）
ワンドの8（逆）

職・名誉（未来）
ワンドの10

旅行・理想（未来）
ペンタクルの5

受け継ぐもの・セックス（未来）
女司祭（逆）

無意識・ライバル（未来）
カップの10

希望・仲間
ペンタクルの6（逆）

職・名誉
世界（逆）

旅行・理想
司祭

受け継ぐもの・セックス
太陽（逆）

無意識・ライバル
ソードの4

質問者・性格（未来）
悪魔

パートナーシップ・結婚（未来）
ソードの6

質問者・性格
ペンタクルの2

パートナーシップ・結婚
ソードのキング

金銭・所有（未来）
恋人（逆）

知識・コミュニケーション（未来）
戦車（逆）

家庭・身内（未来）
運命の車輪

恋愛・娯楽（未来）
ペンタクルのペイジ（逆）

仕事・健康（未来）
力（逆）

金銭・所有
ソードのクイーン

知識・コミュニケーション
カップのペイジ（逆）

家庭・身内
ワンドの5

恋愛・娯楽
正義（逆）

アドバイス
ペンタクルの7

仕事・健康
ペンタクルの3

スプレッドをアレンジしてみましょう

　今回は外側に2重にスプレッドを展開し、運だけではなく、今後の未来も見ていきます。大アルカナが多く、全体運は良好でしょう。「今の自分カード」は〈ソードの8〉で、やりたいことを我慢している様子。1ハウスの自分自身は〈ペンタクルの2〉でバランスが取れている状態ですが、未来に〈悪魔〉があることから、病気に気をつけたほうがいいかもしれません。7ハウスの〈ソードのキング〉は、パートナーになりそうな男性の存在を暗示。4ハウスに〈ワンドの5〉と〈運命の車輪〉が出ており、プライベートは充実しそう。ただし、10ハウスの〈ワンドの10〉から仕事を抱え込みすぎる暗示。さらに6ハウスの未来に〈力（逆）〉があることから、仕事はじょうずに加減し人に配分したほうがうまくまわるはずです。アドバイスは〈ペンタクルの7〉。「もっと楽しく生きる工夫ができるはず」という向上心が幸せに生きるカギに。

--- POINT ---

カードを立体的にとらえましょう

　9ハウスに〈司祭〉と〈ペンタクルの5〉が出ました。このふたつはどちらも5番目のカードで「教会のなかにいる人」と「教会の前を通り過ぎる人」という点で対照的。この視点で読むと、なにかを確立したのに、すぐにやめて別のジャンルへ移ってしまう、と読めます。このように、2枚のカードの絵を立体的にイメージすると、新しい読みかたができるのです。

29 ホロスコープスプレッドは読み解くことが多くて「なんとなく」になりがち
▶ ハウスについて知りましょう（P174）

鑑定例 18 来月の運勢はどうなる？

「仕事もプライベートも来月にたくさん予定が入りそうです。打ち合わせやプレゼン、デートの日にするとおすすめの日、避けるべき日を教えてください！」

使用スプレッド
カレンダー

1月

日	月	火	水	木	金	土
		1	2	3	4	5
6	7	8	9	10	11	12
13	14	15	16	17	18	19
20	21	22	23	24	25	26
27	28	29	30	31		

1週間ごとに意識しながら読んでみましょう

　全体を通して逆位置が多く、忙しい来月への不安やプレッシャーがあるのでしょう。1日から4日間連続で逆位置が出ており、調子の上がらないスタートになりそうです。ペンタクルとカップとソードのAが3枚逆に出ている日は、新しいことをはじめるのは避けたほうが無難かも。3週目は仕事運が落ち込みミスが増えてしまいそう。とくに18日の金曜日〈ワンドの10〉は仕事を投げ出したくなる暗示。この週までにできる仕事は片づけておくといいかもしれません。11日と25日は会社の飲み会をすると、和気あいあいとした交流ができそう。デートをするなら、3〜5週目の日曜日の〈ペンタクルの9〉〈運命の輪〉〈カップのキング〉がおすすめです。また、コートカードが全体の約3分の1出ていることから、人との交流が印象に残りそう。ラストの3日間は体力で乗りきろうとして最後に無理が出る暗示。翌月にそなえ、頑張りもほどほどにしましょう。

POINT
普段の1週間をイメージして

　曜日の流れを意識すると、リーディングをしやすくなります。平均的な自分の1週間の過ごしかたをイメージしながら読んでみて。より重要な意味をもつ大アルカナやコートカードが出た日は手帳に書き込んでおくと、スケジューリングや検証に役立ちます。カードを読むのが難しいときは、その日についてさらに1枚アドバイスカードを引き足すのもありです。

---

16 逆位置ばかり出ると読み解きかたがわからなくなります
➡ 問題の核心があると考えてみましょう（P118）

Chapter 5 実践編

3連休はどんな運気になりそう?

「次の3連休がどうなるか知りたいです。1日目に食事会があり、ほかの日に映画に行く予定です。また、2本の映画のどちらを観るべきか迷っています」

使用スプレッド
カレンダー
択一

カード全体の色に総合運があらわれます

カレンダースプレッドのなかでとくに知りたい日を重点的に読んでみましょう。1日目の〈月〉は宴会の夜を思わせます。また、あいまいさを暗示することから、昼間になにをするか悩むうちに夜を迎えてしまいそう。2日目〈隠者(逆)〉は、正位置ならば家にいるイメージですが、逆では、しぶしぶ外へ出かける用事が入りそうです。3日目は〈ワンドの7(逆)〉。正位置であれば遊ぶイメージですが、逆は「遊びにいこうとして邪魔が入る」と読むことができます。3日分のカードを通して、青系や灰色系の色が目立ちました。主体的に楽しく過ごすというよりは、静かに物思いにふけるなど、落ち着いた連休になりそうです。

1日目の運勢
月

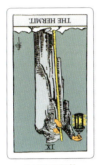

2日目の運勢
隠者(逆)

3日目の運勢
ワンドの7(逆)

9 絵柄を見るだけで読み解きの手がかりを見つけられますか?
➡ 色・人・スートに注目しましょう(P88)

大小アルカナで運の強弱を読みましょう

択一でおすすめの映画も占うことができます。結果は作品Aが〈節制〉で作品Bが〈ソードの7(逆)〉でした。〈節制〉は「新風」という意味があり、新しい発見がありそうです。大小アルカナの運の強弱という点から見ても、圧倒的に作品Aのほうが感動体験を得られるでしょう。

作品Aを選んだ未来　　作品Bを選んだ未来
節制　　　　　　　　　ソードの7(逆)

15 スプレッドのなかでどのカードがカギなのかわかりません
➡ カードの強さに注目しましょう(P110)

好きな人がなにを考えているかわかりません

「片思いしている人がいます。とても仲がいいのですが、それ以上の関係に進みたいのか、そうではないのか、本心がいまひとつつかめないので知りたいです」

使用スプレッド
ハートソナー

相手の状況
ワンドの3（逆）

現在
ペンタクルの3

質問者の状況
ソードの3（逆）

質問者への印象（内面）
正義（逆）

質問者への印象（外見）
悪魔（逆）

アドバイス
ワンドのクイーン

近未来
女帝（逆）

相手の願望
太陽

数がヒントになることもあります

　まず、印象的なのは上部の3枚がどれも「3」のカードである点。「変化のとき」をあらわすため、ふたりの関係はここが正念場といえるでしょう。質問者の状況に出た〈ソードの3（逆）〉は「失恋カード」と呼んでおり、「やっぱりダメなのかな」という気持ちがあらわれているでしょう。相手の状況に出ている〈ワンドの3（逆）〉も、本来であれば門出のカードなのですが、逆位置になっているのはふたりの関係が踏みとどまらざるを得ない状態にあることを暗示。現状として出ている〈ペンタクルの3〉のみ正位置です。教会をあらわすカードなので、互いに結婚を意識しているのかも。

　質問者の内面に対しては〈正義（逆）〉で、対等につきあっていると感じられていないよう。また外見に対しては〈悪魔（逆）〉で、かつてに比べれば男女のドキドキが減退している、と読めます。おしゃれに気をつかわなくなったなど、マンネリを感じていることも。

POINT

男性か女性かで表現がかわります

　今回の質問者は男性です。占う相手が男性か女性かで解釈は自然とかわるでしょう。かつて男性を占って〈ペンタクルの4〉が出ました。お金を守ろうとする、別名「守銭奴カード」ですが、このときは「お金をどんどん稼いで見せつけてやりなさい」とアドバイスしたのです。「もっているお金をアピールしている男性」にも見えるから不思議ですね。

▌テキストがないと小アルカナの意味がわかりません
➡「スートと数」で考えましょう（P70）

Chapter 5 実践編

次々とキーワードを結びつけていって

　相手の願望として出ているのが〈太陽〉であるのが印象的です。もしかしたら「昼間に会いたい」というメッセージなのではないでしょうか？　質問者に確認したところ、この方と会うのは主に夜、お酒を飲むことが多いとのこと。それもふまえると「昼間にデートらしいデートをしたい」ということなのかもしれません。

　なおかつアドバイスとして出ているのは〈ワンドのクイーン〉。アドバイスの位置に出ていますが、女性をあらわすカードのため、彼女自身のイメージとも重なりそう。アクティブで姉御肌の女性のようですから、もっと希望を聞いてあげるといいでしょう。実はヒマワリが描かれているカードで、太陽の意味合いを強調しているように感じられます。昼に会いたいというのは、単純にデートがしたいというだけでなく、世間に認められる公認のカップルになりたいという彼女の本当の望みなのかもしれません。

19 いい言葉が思い浮かばず占いに時間がかかってしまいます
➡ 3秒ルールを徹底しましょう（P128）

絵柄からイメージを広げましょう

　そして太陽から、さらなるイメージを広げることができます。質問者の状況を示す〈ソードの3（逆）〉からは、失恋することへの強いおそれが感じられます。今の関係を壊したくないあまり、いいたいことをいえなかったり、自分の胸の内をオープンにできずにいるのでしょう。それが相手には、なにを考えているかわからない、深い闇のように見えているのかもしれません。

　結果として出たのは〈女帝（逆）〉。逆位置で出るとマンネリや依存をあらわすカードです。もっと彼女の要望を聞いてデートをしたり、自分の思っていることを積極的に話すようにしていけば、ふたりの関係に太陽の光が差してくるでしょう。そうすれば、さかさまだった〈女帝〉も正位置に戻り、喜ばしい展開が待っていそう。「子宝に恵まれる」カードでもあるので、意外と早いうちにうれしいニュースが聞けるかもしれませんね。

2 丸暗記が苦手……1枚1枚理解しながら覚えられますか？
➡ 絵の細かいところに目を向けましょう（P58）

— POINT —

3秒以内にわく言葉は重要

　〈太陽〉を見て、なぜ「昼に会いたい」という解釈が生まれたのかわかりません。でもこういうインスピレーションは大切。直感を優先するとそのあとの読みもスムーズに進みます。するといろいろなことに派生して結びついていき、納得の結果が得られることが多いのです。ひとりで占うときも3秒以内に思いついた言葉は声に出すのがおすすめですよ。

— POINT —

出なかったカードからヒントを

　大アルカナの3番目のカード〈女帝〉に加え、各スートの「3」が3枚も出た今回のリーディング。出なかったのは〈カップの3〉でした。別名「飲み会カード」ですが、飲み会といえば夜。つまり、このカードが出なかったということは「夜に飲むより、昼に健全な恋人として会いたい」というメッセージと読み解けます。ここでも太陽がヒントになっているのです。

203

鑑定例 2

職場における自分の立ち位置に悩んでいます

「役職を得てこれからの働きかたを考えなければいけないと思うようになりました。会社をよりよくするために自分はなにをすべきでしょう？」

使用スプレッド
ケルト十字

今の自分カード
節制

質問者の顕在意識
（考えていること）
塔（逆）

最終予想
ソードのA

障害となっていること
ワンドのキング

質問者の願望
カップの9

近未来
ソードの4（逆）

質問者の状況
悪魔（逆）

過去
カップの2

周囲（もしくは相手）の状況
ワンドの9（逆）

引き足し：
アドバイス
ソードのペイジ

質問者の潜在意識
（感じていること）
ペンタクルの6（逆）

質問者が置かれている立場
恋人（逆）

イレブンタロットに注目しましょう

　最終予想からいうと〈ソードのA〉、新しい地平を切り開いていくパワーにあふれていますから、前途有望ですよ。では時系列から見ていきましょう。過去に〈カップの2〉が出ており、現在の会社に入社したのは、やりがい重視というよりも、組織のなかで自分の役目を果たすという契約的な色合いが強かったのではないでしょうか。現状は〈悪魔（逆）〉で動きたくても動けない状態。それとリンクするように置かれている立場に出たのが〈恋人（逆）〉。「今の自分カード」に出た〈節制〉とイレブンタロットになります。前向きなやる気を生かせない宙ぶらりんな状態なのでしょう。周囲の環境も〈ワンドの9（逆）〉で、万全な体制が整っているとはいい難い様子。ちょうど過渡期に当たるのかもしれません。ただ近未来に〈ソードの4（逆）〉が出ています。これは逆位置で出ると「目覚め」をあらわすので、まもなく始動のときがやってくるはずです。

■ 重要な組み合わせのカードってありますか？
➡ イレブンタロットに注目しましょう（P112）

POINT

どこからカードを読んでいく？

　とくにケルト十字のように枚数の多いスプレッドは目についたところから読んでいきますが、時系列の話、本人の話、相手の話など、ざっくりとまとまりにわけて話をすることが多いです。また今回のように質問に対して、最初に最終予想を伝えてから、細かいところを読んでいくことも。占い手のセンスや会話力を磨くポイントになるでしょう。

Chapter 5 実践編

コートカードにあらわれた人物は？

　印象的なのは障害の位置に出た〈ワンドのキング〉。ここにコートカードが出ると、障害となっている人物を暗示することが多いため、質問者に心当たりはないかを確認したところ、お父様が同じ会社にいらっしゃるとのこと。しかも射手座ということです。射手座に対応するのは〈節制〉ですが、射手座は火のエレメントのため〈ワンドのキング〉そのもの。今は行動力とカリスマ性のあるお父様の補佐にまわることが多いのかもしれません。

　顕在意識は〈塔（逆）〉で、表面的な雑事にふりまわされている状況に対して、若干焦りを覚えているよう。また潜在意識に出た〈ペンタクルの6（逆）〉は別名「ボランティアカード」ですが、逆位置で出ると支配する人・支配される人の関係性をあらわします。会社のありかたについて「不均衡を正さなければ」「クリーンにしなければ」という改革意識が強まっていることをあらわしているようです。

28 占いの精度を上げるための裏技ってありますか？
➡ タロットと占星術を組み合わせましょう（P170）

引き足したカードからアドバイスを

　最初に引いた「今の自分カード」では〈節制〉が出ており、いろいろな人の知恵や意見を聞きながら、新しいものを生み出そうとしている真っ最中のよう。同時に願望の位置に出た〈カップの9〉は、ずらりと並んだたくさんのカップが、質問者が愛情にあふれた人物であることを象徴しているよう。みんなのために力を尽くしたいと思っていることのあらわれなのでしょう。

　リーディングの途中でふと気になったので、アドバイスカードを引き足したところ〈ソードのペイジ〉が出ました。最終予想の〈ソードのA〉ともリンクしますが、ただやみくもになにかはじめるのではなく、先々を見据える慎重さが必要であることを教えています。失敗すると怖いからとすべてを諦めていては先に進めません。人の意見や要望を聞き入れながら、タイミングを見つつ、かえられるところからかえていく。そのさじ加減がカギになりそうです。

29 どうしても読めないカードが出たときにヒントがほしい！
➡「引き直し」ではなく「引き足し」て（P146）

—— P O I N T ——
コートカードの
星座を手がかりに

　小アルカナの各スートは4つのエレメントを司ることから12星座にも対応します。火（ワンド）は牡羊座・獅子座・射手座、地（ペンタクル）は牡牛座・乙女座・山羊座、風（ソード）は双子座・天秤座・水瓶座、水（カップ）は蟹座・蠍座・魚座です。人物をあらわすコートカードは、各スートの星座を手がかりにして身近な人を探してもいいでしょう。

—— P O I N T ——
アドバイスカードは
いつ引いてもOK

　もし、リーディングの途中で読めないカードが出てきたら、いつでもカードを引き足してかまいません。「これってどういうこと？」と気軽にカードに問いかけながら1枚引きましょう。出たカードの要素を加えることで、スプレッド全体の読みがいっそう進むはずです。対面鑑定の場ではスプレッド以外にワンオラクルの山ができることもよくあります。

205

いまひとつ、自分に自信がもてません……

鑑定例 22

「最近、新しいプロジェクトをまかされたのですが、なかなか慣れません。こうしたらいいのではと思っても自信をもって意見を主張できなくて……」

使用スプレッド
ケルト十字

今の自分カード
ペンタクルの5

質問者の顕在意識
（考えていること）
死（逆）

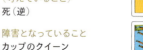

最終予想
ソードの7（逆）

障害となっていること
カップのクイーン

質問者の願望
ワンドの8（逆）

近未来
ワンドのA（逆）

質問者の状況
ソードの5

過去
恋人

周囲（もしくは相手）の状況
ワンドの2（逆）

引き足し：
アドバイス
ソードの9（逆）

質問者の潜在意識
（感じていること）
ワンドのナイト（逆）

質問者が置かれている立場
カップのキング

逆位置が多いことに注目

全体を見て、パッと目についたのが、情熱を意味するワンドのカードがすべて逆位置で出ていること。やる気が減退していて、ポテンシャルを十分に発揮できていないのでは？ 周囲の状況にも〈ワンドの2（逆）〉が出ており、職場全体に自信をもって行動することをためらわせる風潮があるのかもしれません。

また質問者の状況は〈ソードの5〉で不穏なムード。質問者の顕在意識の〈死（逆）〉、潜在意識の〈ワンドのナイト（逆）〉、ともに馬に乗った構図のカードが、逆位置で出ている点も印象的です。地に足がついておらず、フラフラしていて、どこに進んでいいかわからない状態。しかも逆位置の〈ワンドのナイト〉が過去の〈恋人〉を見ているのも興味深いところです。〈死〉も逆位置で出ると過去への執着を暗示しますから「あのころはよかった」「昔に戻りたい」という思いに駆られているのかもしれません。

12 スプレッドをどこから読み解けばいいか迷ってしまいます
➡ まずはスプレッド全体を眺めましょう（P108）

POINT

スプレッド上の視線が物語るもの

〈ワンドのナイト〉の例のように、人物の視線の先を追うことがリーディングのヒントになるケースもよくあります。今回は潜在意識に対応するカードだったのでわかりやすいでしょう。同様に顕在意識の〈死〉が、近未来を見つめていて〈ワンドのA〉が象徴する、情熱の炎を消そうとしている、とイメージすると全体がひとつの流れのように見えてくるのです。

206

Chapter 5 実践編

難しいポジションの読み解きかたは？

本題の自信の有無でいえば「当人」の位置に出ているのが〈カップのキング〉であることから、本来とても自信にあふれていて、少しのことでは動じない精神力をもっているようです。

カギを握っているのが「願い」に出た〈ワンドの8（逆）〉。これは「進んでほしいけれど、進んで欲しくない」というジレンマのあらわれ。本当は自分の一存でぐいぐいものごとを進めていきたいけれど、どこか不安。誰かの賛同を得られてはじめて「やっぱりこれで合っていたんだ」と自信がもてるという質問者の心情を物語っているようです。そうすると〈ワンドの8（逆）〉は、確認を取るためにあっちへ行ったりこっちへ行ったりしている光景に見えてきますね。「障害」として出ている〈カップのクイーン〉は優柔不断な上司を暗示。以上のことをふまえると、上司の言質を取るなら「どうしたらいいですか」ではなく「これでいきたいと思うんですがいいですか」と聞くくらいの自信を見せてもいいのでしょう。

25 明らかに当たっていないと感じるカードが出たときは？
➡ 最後まで読みきる「粘り」がカギ（P144）

今の自分＆アドバイスカードを最大限に活用

最終予想に出たのが〈ソードの7（逆）〉。逆位置で出るといい解釈をすることが多く、「思いがけない発見」を意味します。それがいったいなにか、ヒントを得るためにアドバイスカードを引いてみたところ、〈ソードの9（逆）〉、悪夢から目覚めるカードが出ました。実は質問者はたくさんのソード（知性やアイデア）をもっているにもかかわらず、そのことに気づいていません。鑑定前に引いた「今の自分カード」でも、ペンタクルが5つもあるのに気づかず、素通りしています。暗闇のなかに光る9本の剣と5つのペンタクル。これまでは自分のなかにいいアイデアがあっても、自信のなさゆえに外に出さず、お蔵入りにしてきたかもしれません。でもこうして新しいプロジェクトをまかされたことで、自分がいかに豊かな才能をもっていたか、再発見できるのかもしれません。そうすると〈ワンドの8〉の意味も正位置に戻りますよ。

21 小アルカナの読みがどれも似たりよったりになります
➡ 似ているカードを比較しながら整理して（P136）

── POINT ──
カードを動かすことで見えてくるもの

ときには3秒ルールで言葉が出ないこともあります。この〈ワンドの8（逆）〉の解釈にたどり着くのは、なかなか難しかったのですが、カードを手に取り、左右に動かしてみるとひらめいたのです。どうしても読めないときは、カードとにらめっこするのではなく、動かしたり、回転させたり、自分が動いてみたりすると、新しい読みが生まれるかもしれません。

── POINT ──
問題が改善されると逆→正位置に

逆位置のカードが問題点を暗示しているときは、それが解決されるとカードが正位置に戻ると解釈することがあります。今回の〈ワンドの8〉が正位置に戻ればものごとの進みはスピーディーになり、潜在意識の〈ワンドのナイト〉がやる気に燃え、それが周囲の状況の〈ワンドの2〉に影響し、近未来の〈ワンドのA〉も正位置にかわる、とプラスな解釈もできます。

207

Special Contents

LUAの
鑑定ルームへようこそ

リアルなやりとりから
プロの技を盗んでレベルアップ!

タロット占いは、密室で行われることが多いものです。そのため「ほかの人は、いったいどんなリーディングをしているんだろう?」「私の読みかたで合っているのかな?」と思うことはありませんか?

タロットに正しい・正しくないはありませんから、どんな読みかたをしてもいいのですが、ちょっと人の占いをのぞいてみたいという好奇心はあるはずです。

そこで私が実際に鑑定をしたときの相談者とのやりとりを、そのままご紹介します。私自身、気づかないうちに、無意識につかっているリーディングテクニックもあるでしょう。相談者への質問のしかた、スプレッド全体からの読み解きかた、1枚のカードからのイメージの広げかた、アドバイスカードのつかいかたなど、こういった細かいテクニックはこれまでのタロットのテキストにはなかなかなかったかもしれませんね。

また一般的なタロットのセオリーからは、はずれているものもあるでしょうが、アドバイスカードを引くタイミングや、カードを読む順番など、自分のことを占うときにもつかえるヒントがあるはずです。リアルだからこそ伝わるポイントをつかんでください。

タロットで占うということは、こんなにも自由で、そして楽しいものであるということが、このリーディングから伝われば幸いです。

Special Contents LUAの鑑定ルームへようこそ

相談者 1
働きかたをどうするか悩んでいます（Aさん・28歳）

相談者A：育児をしながら仕事をしています。私は仕事が好きでずっと続けていきたいのですが、なかなかハードで残業が多くて。それに対し、主人はきっちり時間が決まっているので、家での役割を交換できたらいいのでは、と思っているんです。でも本当にそれでいいのか、と……。

LUA：ではAさんの置かれている状態を分析すべく、ケルト十字スプレッドで見ていきましょう。

A：タロットで占ってもらうの、はじめてなんです！ カードってまずシャッフルするんですね。 ➡ POINT 1

LUA：そうなんです。神秘の世界に引き込まれていくような気分になると思います。Aさんは、働きかたについて意識を向けていてくださいね。

LUA's Reading Point
読み解きのコツ

➡ **POINT 1**
カードはまんべんなく広げて、78枚全部のカードにふれるようにしてください。指でふれることで、眠っているカードを「起こす」ようなイメージです。

➡ **POINT 2**
相談者の方は、質問の答えを知りたがっています。そのため、最初から「過去は……」など、関係ない話をするよりも、「結果としてはこうなりそうですよ」ということをお伝えし、「では詳しく見ていきますね」と細かい話をすることが多いです。

③質問者の顕在意識（考えていること）
ワンドの2（逆）

⑩最終予想
ワンドの7

⑥近未来
ソードのA（逆）

①質問者の状況
吊るし人

⑨質問者の願望
審判（逆）

⑤過去
世界

②障害となっていること
ソードの4

⑧周囲（もしくは相手）の状況
ペンタクルの5

④質問者の潜在意識（感じていること）
運命の車輪

⑦質問者が置かれている立場
ソードの7

LUA：最初に目についたのが、「⑩最終予想」の〈ワンドの7〉。
➡ POINT 2 とても元気なカードで、頂上にいるのが仕事をがん

209

◆ POINT 3

択一というと、ＡかＢかという二択になりがちですが、ほかの選択肢はないか、カードを引く前に一度考えてみるといいでしょう。新たな選択肢を加えることで視野も広がりますよ。

ばっているＡさん。「⑧周囲（相手）の環境」として出たのが〈ペンタクルの５〉で、これが旦那さんをあらわしています。あまりお金を稼ぐことに躍起になっていないというか、「生きるためにはしかたがないな」という感じ。ですから、役割分担を交換するのはいいアイデアではないかと思います。

Ａ：主人はそれほど仕事人間ではないんです。

LUA：Ａさんをあらわすカードが〈吊るし人〉。現実的にはちょっと身動きが取れない状況なのですが、「④質問者の潜在意識」では〈運命の車輪〉がまわっていますから、もう心は決まっているようです。多分、直感的に「こうしたほうがいい」と心のなかでは決めているのでは？

Ａ：そうかもしれません。でも、子どももいるし、あまり例のないことだと思うので、急にできるかどうか……。

LUA：「③質問者の顕在意識」は〈ワンドの２（逆）〉で、選択肢がふたつあることを暗示。今まで通りか、かえるのか。でも潜在意識的には「かえる」が優勢。「⑦質問者が置かれている立場」としては〈ソードの７〉。裏で画策するカードなんです。ひとりで考えるより、もっと旦那さんと、このことについて話してみては？　そうすればいいやりかたが見つかりそうです。

Ａ：そうですね。でもそれも私のわがままなのかな、と思うこともあるんです。もう少し違う働きかたができる会社に転職をしたほうがいいのかな、とも。

LUA：「⑤過去」は〈世界〉、「①質問者の状況」は〈吊るし人〉、「⑥近未来」が〈ソードのＡ（逆）〉。どこかの会社にポンと移動する感じではないのかな、と思います。どちらかというと自分らしい働きかたを模索して、切り開いていくようなイメージ。では今の会社で続けるか、同業他社への転職か、という二択にもうひとつ選択肢を加えてフリーランスの可能性も占ってみましょう。　**◆ POINT 3**

Ａ：ありがとうございます！

LUA：まず「①質問者の態度」をあらわす位置に出たのが〈ペンタクルのクイーン〉。今の仕事に手ごたえを感じ、自信が生まれていることがわかります。ただ「②今の会社」に残るべきかは〈女司祭（逆）〉で迷っている感じ。とはいえ唯一の大アルカナで、絵柄も現在お勤めの業界と合致しているので強いですね。「③同業他社」に転職した場合、〈ペンタクルのペイジ（逆）〉。これは修行中の人物なのですが、他社に移ると１からのスタートになり、パワハラなど厄介な問題を経験する可能性はあります。「④独立」の場合、〈カップの７（逆）〉で、選択肢がたくさんある

210

Special Contents LUAの鑑定ルームへようこそ

⑤今の会社に
いる未来
ワンドの4

⑥同業他社を
選んだ未来
ワンドの7
(逆)

⑦独立する
未来
ワンドの9

②今の会社
女司祭(逆)

③同業他社
ペンタクルの
ペイジ(逆)

④独立
カップの7
(逆)

①質問者の
態度
ペンタクルの
クイーン

ようでいて、そうでもない様子。それぞれの選択肢を選んだ場合の未来を見たのが上の段です。　➡POINT4「⑤今の会社」は、〈ワンドの4〉で、楽しくアットホームな雰囲気で過ごせそうですね。「⑥同業他社」は、〈ワンドの7(逆)〉で社内競争が激しくて気は休まらなさそう。「⑦独立」だと〈ワンドの9〉で虎視眈々と準備するカード。個人的なおすすめ順でいくと、「⑤今の会社」で働きつつ、時期を考えながら「⑦独立」ないし「⑥同業他社」への転職ですね。　➡POINT5
A：そうなんです。今の会社は本当に人間関係に恵まれていて。
LUA：Aさんは〈ペンタクルのクイーン〉で、典型的な良妻賢母。なんでも器用にできると思うんです。こういう人が家庭に入ると、本人ができるだけに「残業していいから、もっと働いてきて！」といってしまいそうですが、それだと旦那さんが追いつめられてしまいますよね。ですから、役割の交換はすごくいいアイデアだと思います。ただ1回目のケルト十字スプレッドでも〈審判(逆)〉が出ていましたから、時期が重要なのは確かです。
➡POINT6　今はまだ決める段階ではないのかも。最後にルーンで占いましょう。袋のなかからひとつ、石を引いてください。
➡POINT7
A：なにが書いてあるんでしょう？
LUA：「エオロー」、これは「仲間」を象徴するルーンなので、「人脈」が重要なようです。今から仲間を増やしておくと、未来の選択の際に生きてきそうですよ。

➡POINT 4
択一はどの選択肢も今ひとつ、ということもあり得ます。その場合「今はまだ決める段階ではない」と受け取ることも。今回はそれぞれの選択肢を選んだ未来のカードも加えて、判断材料を増やしています。

➡POINT 5
「個人的なおすすめ」や「個人的な意見」を伝えるときは、占いとは別であることがわかるように明言しましょう。「占いではこう出たけれど、個人的にはこう思います」と区別することは、占いをするうえで重要です。占いは、その結果をもとに、当事者が決断するためのものだからです。

➡POINT 6
1回目と2回目の鑑定が同じテーマなら、なんらかのつながりが生まれるものです。1回目になにが出たか、気になったカードはメモしたり、覚えておきましょう。

➡POINT 7
場のクロージングに、今回はルーンをつかいました。ルーンはタロットとは違い、絵がなく、ネガティブな意味のものが出ても前向きな言葉に変換しやすいのでおすすめです。

211

相談者 2 かなわない恋を諦める方法を教えてください（Bさん・31歳）

相談者B：好きな人がいます。でもかなわないので諦めたいんです。その方法と今後の恋との向き合いかたを知りたいです。
LUA：いろいろとお聞きしたいことはありますが、まずは「今の自分カード」を引いてみましょうか。　➡ POINT 1

今の自分カード
カップのナイト（逆）

LUA：ナイトなので、本当は前に進みたいのに自分からは行けない。しかもカップなので、本心を隠しているところもあるのかもしれないですね。
B：その人の前では、気のないそぶりをしています。
LUA：彼とはおつきあいをしているんですか？
B：いえ、片思いです。でも絶対にふりむいてくれないので、諦めたいんです。
LUA：そもそもなぜ、いきなり諦めるところからはじまるのでしょうか？　既婚者など、好きになってはいけない人を好きになったというなら話はわかりますけど、そういうわけではないんですよね？
B：ええ。今まで幸せな恋をしたことがなくて、自信がないんです。だから今回もきっと……と。
LUA：一方的に恋を終わらせてしまう前に、まずはその人がBさんをどう思っているのか、ハートソナースプレッドで占ってみましょうか？　➡ POINT 2
B：ありがとうございます！
LUA：「⑦質問者の状況」を示すのが〈悪魔〉。頭のなかでは、いろいろな妄想をしていそうですね。最初におっしゃったように、

➡ POINT 1
なかなか自分のことをうまく話せないことは多いもの。そんなときに「今の自分カード」を引いてもらいます。カードをきっかけにして質問をすることで、その人の現在のコンディションや性格の傾向などをつかむのに役立つでしょう。

➡ POINT 2
悩んでいるとき、人は思いのほか視野が狭くなってしまっているものです。投げかける質問自体がちょっとずれていたり、現実の認識が甘かったりするもの。「この方は本当はなにを知りたいんだろう」「どうしたいんだろう」としっかり考えることが大切です。

Special Contents LUAの鑑定ルームへようこそ

▶ POINT 3
質問者がカードを見て思ったことはとても重要です。その人のなかに、そう思わせるなにかが存在するということだからです。この場合、Bさんが「彼はモテる」と思ったのも、実際にそう思うに至る証拠がいくつもあるのでしょう。頭から否定せず、まずは肯定することが大切です。

▶ POINT 4
カードの絵柄から物語をつむいでいくと、視覚的に理解しやすく、納得度が格段にアップします。カード本来の意味に縛られず、紙芝居をするようなイメージで物語を展開してみましょう。

いきなり「諦めます！」という決断に至るのも、あれこれ妄想した結果ですよね。
B：そうかもしれません。
LUA：「⑤相手の状況」は〈世界〉。典型的な相思相愛を示すカードです。ひょっとすると、彼もBさんのことを好きなのでは？
B：私の目には、彼のまわりに４人の女性がいるようにしか見えないんですが……。
LUA：すごい想像力ですね。でもBさんがそう感じるなら、その可能性もありますね。▶POINT 3 モテモテであることには違いなさそうです。そして時系列を見ると「①現在」が〈ワンドの８〉、ふたりの関係性は今、勢いよく進んでいる真っ最中のようです。そして「④質問者への印象（外見）」は〈カップのA〉、美しいものを愛でる、愛おしむカードなので、相手から見るとBさんはズバリ、タイプの女性ということなのでしょう。そして「③質問者への印象（内面）」が〈ペンタクルのペイジ〉ですから、不器用ではあるけれど、ピュアでまじめで嘘をつかない、信用できる人だと思われていそうですよ。また「⑥相手の願望」は〈ワンドの３〉で、次に進もうとして船を待っている感じ。つまりBさんが船なんですよ。 ▶POINT 4
B：まさか！
LUA：「⑧アドバイス」としては〈女帝（逆）〉なので、もっとわ

213

かりやすく相手に甘えてもいいのでは？　と、こんなにいいカードが出ているのに「②近未来」は〈ソードの9〉。

B：悲しみに泣く、恋の終わりということでしょうか……。

LUA：今のままだとそうかもしれません。　◆POINT 5　せっかく最高の状態にあるのに、未来の位置に〈ソードの9〉が出るのは、今のままではBさんが「やっぱり無理」といつものパターンを繰り返してしまう可能性が高いから。「あのとき、あんなにいい結果が出たのに、なぜ行動しなかったんだろう」と泣いている光景、というイメージですね。

B：確かに……。〈ワンドの8〉と〈ソードの9〉は見た目にも似ていますね。

LUA：〈ワンドの8〉は心が開通するカードで、「思いが通じる」ことを意味しますから、今がまさに動くべきとき。それにもかかわらず「私のことを好きなはずがない」と勝手に失恋してしまうのは〈ソードの9〉そのもの。これは自己憐憫のカードでもあるんです。今の流れに乗らないと「あの楽しい関係が終わってしまった」ということになってしまうかも。

B：私はどうしたらいいんでしょう？

LUA：では解決策を探るべく、Bさんがなぜこんなに自分に自信を失っているのか、ケルト十字スプレッドで見てみましょう。改めてシャッフルします。　◆POINT 6

◆POINT 5
未来にあまり思わしくない結果が出たとき、それをどのように伝えるかは重要です。この場合は、Bさんのネガティブ思考が強いため、「このままいくとそうなってしまう」という形で伝えています。

◆POINT 6
今回は、同じ質問者で同じ質問を続けて行うので、左まわりシャッフルはしません。あえて逆にカードをまぜず、そのまま思いとエネルギーを込めていくイメージです。別の質問なら、一度リセットしたほうがいいでしょう。

③質問者の
顕在意識
（考えていること）
カップの6（逆）

⑩最終予想
女帝（逆）

⑥近未来
女司祭

①質問者の状況
力（逆）

⑨質問者の願望
運命の車輪

⑤過去
皇帝（逆）

②障害となっていること
吊るし人

⑧周囲（もしくは相手）の状況
節制

④質問者の
潜在意識
（感じていること）
ソードの3（逆）

⑦質問者が
置かれている立場
ソードのクイーン

LUA:「⑦質問者が置かれている立場」の〈ソードのクイーン〉が印象的です。「私は恋愛などしない」というスタンスは、Bさんの本質ではなく、そう演じずにいられない状況があるのでしょう。「⑧周囲の状況」に他者との交流を示す〈節制〉が出ているので、チャンスはあるものの、みずから剣で切り捨ててしまっているイメージ。「⑤過去」を示す〈皇帝（逆）〉も恋愛を拒絶していそうですし、〈⑥近未来〉は〈女司祭〉で処女性のカードなので「私に恋愛なんて……」といっていると、今後も煮えきらないまま終わってしまいそう。

B:先生……私も幸せな恋がしたいです。

LUA:ではBさんの内面を見ていきましょう。**ケルト十字は縦軸がその人の心のなかをあらわしています。**　◆POINT 7 「③質問者の顕在意識」は〈カップの6（逆）〉で、この絵が示すような状況、つまり「思いを伝えたい、受け入れたい」と願っているけれど、それをストレートに表現できない状態です。「④質問者の潜在意識」にも失恋への強いおそれが出ていますね。印象的なのが「①質問者の状況」が〈力（逆）〉で「②障害となっていること」が〈吊るし人〉、**イレブンタロットになっています。これは動と静をあらわすペア。**　◆POINT 8 「恋をしたい自分」と「こじらせている自分」が拮抗している。そのことを自覚しているならかえればいいのに、かえずにいるのでは？

B:自分で自分に変な呪いをかけているのかもしれません。

LUA:でもそれでは、ずっとひとりのまま。自分で魔法を解いたほうがいいかもしれませんね。

B:そのためにはどうしたらいいですか？　◆POINT 9

引き足し：アドバイス
ソードの4

LUA:休息カードですね。まずはしっかり自分を見つめ直す時間をもったほうがよさそう。このままでは恋をしているのに、それをどうせ無理だからと打ち消したい自分がいて、静と動で相殺されて結局なにも起きない状態のままかもしれません。

◆POINT 7
今回の鑑定は全体に大アルカナが多いのが特徴です。小アルカナのヌーメラルカードは、自分の意識をあらわす縦軸の2カ所だけ。まわりの環境は整っているので、あとは本人がささいな問題にひっぱられて卑屈にならなければいいだけ、とも解釈できます。

◆POINT 8
イレブンタロットがわかりやすく出た例です。イレブンタロットは、あるひとつのテーマに関して、相反するふたつの力がペアになっています。ここではその力が拮抗しているがゆえに、なにも起こらないという解釈になりました。

◆POINT 9
質問者から自発的に質問が出てくるのはとてもいい傾向です。自分のことについて考えはじめている証拠だからです。ここからは新たにスプレッドを展開せずに、Bさんから次々とわいてくる問いに答えていくスタイルを取ることにしました。

B：私はなぜこんなに恋に自信がもてないんでしょう。

引き足し：アドバイス
恋人（逆）

LUA：〈恋人〉の逆位置ですから、ある意味、楽園におひとりで住んでいるような感じなんですよ。頭のなかの楽園で妄想を広げすぎてしまっている。それがいい妄想ならまだしも、ネガティブな妄想だから大変。1回目のハートソナースプレッドの「⑦質問者の状況」でも〈悪魔〉が出ていましたよね？ 〈恋人〉とは**三位一体の構図が同じ**なんです。➡POINT 10 **三位一体はバランスが取れているので自己完結しやすく「ひとり妄想じょうず」**ということになりますね。➡POINT 11

B：この妄想癖を直すために、どうしたらいいでしょう？

引き足し：アドバイス
魔術師（逆）

B：〈魔術師（逆）〉……やっぱり、**自分で自分にかけている変な魔法を解く必要がある**のかもしれませんね。➡POINT 12

LUA：そうですね。カードを見て、ご自身でそのことに気づかれたのはすばらしいこと。これから、Bさんに幸せな恋が訪れるよう、祈っています。

➡**POINT 10**
構図の共通点を見つけて、そこから解釈を広げた例です。見た目が似ているところから、いろいろなヒントが読み取れるという例になります。

➡**POINT 11**
テキストにあるようなキーワードやかたい言葉に縛られず、「ひとり妄想じょうず」のように、自分にしっくりとくる表現をつかうと、リーディングが深まります。

➡**POINT 12**
今回はBさんがみずから読み解きをしました。LUA流に解釈すると、〈魔術師〉は正位置だと「自分に自信をもて」というアドバイスになりますが、逆位置なので「半分に満たない」という解釈をしました。すると「せめて自分を普通の人間だと思うべし（自信をもて）」となるでしょうか。

Special Contents LUAの鑑定ルームへようこそ

相談者 3 両親の仲が悪化していて私はどうすればいいですか？（Cさん・25歳）

LUA：Cさんは2度目の鑑定ですね。1度目は「ひとり暮らしをしたいのに、親が許してくれない」という相談でした。そのときのCさんの家族を占った結果がこちら。

⑤相手（家族）の気持ち
女帝（逆）

①過去
カップのナイト

⑥質問者の気持ち
カップの10（逆）

⑦最終予想
ワンドのクイーン（逆）

③近未来
ペンタクルの3

④アドバイス
正義

②現在
ソードのキング

相談者C・けい：実はLUA先生の鑑定通り、姉が先に家を出ていってしまいました。→POINT1 でも、そのために私はまだ、ひとり暮らしができていないんです……。しかも姉に恋人ができたのですが、その相手を父親が認めていなくて、なかば勘当状態で出ていってしまったんです。父親は怒りっぽくなっていて、母親はストレスをためていて、家のなかのムードは悪化する一方。私はいったいどうしたらいいのでしょう？

LUA：なるほど。では再びヘキサグラムスプレッドで見てみましょう。今回は「⑤相手の気持ち」に、お父様、お母様の気持ちを示すカードを置く、アレンジバージョンです。→POINT2

→POINT1

前回の結果：アドバイス
ワンドの6

前回、Cさんのお姉さんを占った際に出たのが〈ワンドの6〉、通称「凱旋カード」でした。馬に乗って意気揚々と出ていく姿を見て「お姉さんが先にひとり暮らしをしてしまうと、Cさんが家から出づらくなるかもしれませんね」と伝えましたが、まさにそれが的中した形になりました。何度か鑑定をしていると、前回の鑑定結果もリーディングに生かすことができます。

→POINT2

問題に複数の人がかかわっている場合、「相手の気持ち」の位置に複数のカードを展開してみましょう。それぞれの状態や思惑がわかりやすくなります。このように、スプレッドは占うテーマに応じて自由にアレンジしていいのです。

➡ POINT 3
スプレッドのなかで大アルカナの正位置は強いインパクトをもちます。逆位置であっても大アルカナは強く、父親の影響力が強いことを暗示。そこを軸に読んでいくと、読み解きがまとまりやすくなります。

➡ POINT 4
この鑑定でも、前回と同じカードが複数出ていて、読み解きのヒントになっています。こういうときにそなえて、過去のスプレッドは写真に撮るなどして記録しておくと、いろいろな場面で役立つでしょう。

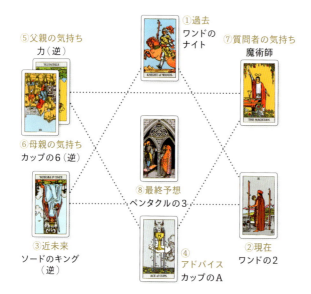

LUA:いちばん、目についたのはCさんをあらわす「⑦質問者の気持ち」に〈魔術師〉が正位置で出ていること。**全体のなかでここが際立って強いんですね。** ➡POINT 3 それに引きかえ、お父様は〈力(逆)〉、お母様は〈カップの6(逆)〉、どちらも逆位置で現状に困惑していることが見て取れます。時系列を見ると、「①過去」が〈ワンドのナイト〉、「②現在」が〈ワンドの2〉。**前回、お姉さんをあらわすカードとして出たのが、馬に乗って出ていく〈ワンドの6〉でしたが、今回も馬に乗り意気揚々と戦いにおもむく〈ワンドのナイト〉が象徴していそうですね。** ➡POINT 4 そして〈ワンドの2〉は、その後ろ姿を見送っている現状。
C:まさに……絵として見えてくるようですね。
LUA:お父様は今、自暴自棄になって制御を失っている状態。そしてお母様は、お姉さんがいた家族4人の仲睦まじいころの思い出にひたりつつも、それが逆位置で出ていることから「そろそろ現実を見なければ」と思っているところかもしれません。「④アドバイス」として出ているのが〈カップのA〉。心をあらわすスートですから愛をもって接するしかない、ということでしょうね。お姉さんがいなくなってさびしいという気持ちをみんなで共有するといいのかもしれません。「お父さん、さびしいの？　私もさびしいんだ」とわかち合ってみたり。

C：そんなこと、いったことがないのでいえるかな。
LUA：「そういう自分を演じよう」と思えばできるはずです。なんといってもCさんは奇跡を起こせる〈魔術師〉ですから。
C：確かに、父は厳しくて怖い人なんですけど、本当はさびしい人なのかなとも思うようになってきたんです。ちなみに、家を出ていった姉はどんな状態なのでしょう？
LUA：では、お姉さんをあらわすカードも引いてみましょう。

引き足し：姉の状況
カップの9（逆）

LUA：「ウィッシュカード」と呼ばれる、幸運のカードなのですが、逆位置で出ましたね。恋人と暮らしているので願いは半分、かなっているものの中途半端という感じでしょう。 ➡POINT 5
C：父親がまだ認めてくれていないからかも。
LUA：その仲介役ができるのはCさんなのかもしれませんよ。全体を見ても、いちばん強い意味をもつのが〈魔術師〉なので、Cさんがキーマンであることは確かだと思うんです。
C：確かに、私が家の潤滑油役にさせられることが多いんです。
LUA：前回の鑑定ではお母様が〈女帝（逆）〉で愛があふれすぎているタイプ、お父さんは〈ソードのキング〉で厳しいタイプ、対極的なご夫婦でしたね。また前回は「③近未来」の位置に出ていた〈ペンタクルの3〉が、今回は「⑧最終予想」に出ています。もしかすると、お父様はお姉さんの結婚を認めてくれるのかもしれないですね。なぜなら、これは教会の入り口が描かれているカードなんです。 ➡POINT 6 その前にお父様を象徴する〈ソードのキング〉の逆位置が示すような、ちょっとした修羅場はあるかもしれませんが。もしかしたらその恋人がごあいさつにくる可能性もあるのでは？
C：今から心の準備をしておきます。
LUA：Cさんが〈魔術師〉として、愛をもって立ちまわる役を果たすことで、ご家族皆さんによい魔法がかかるといいですね。

➡ POINT 5
逆位置を「正位置の状態に到達していない」と読む例です。ここでは〈カップの10〉の正位置を「カップになみなみあふれる幸運」とするならば、逆位置なので「カップ半分の幸運」と読みました。

➡ POINT 6
〈ペンタクルの3〉には直接的に「結婚」という意味があるわけではありませんが、絵柄をヒントにして読み解くと、こうした解釈も成り立ちます。絵を見ながら、柔軟にイメージを広げてみましょう。思いがけないキーワードと結びつくかもしれませんよ。

相談者 4 お店の新規オープンをまかされ同僚との関係に不安が……（Dさん・40歳）

相談者D：とあるお店のオープン事業をまかされているのですが、一緒のチームで働く同僚と、なにかにつけ意見がぶつかるんです。性格が正反対というか。でも才能はとても高く買っているので、これからどんなふうにつきあっていけばいいのか悩んでいるんです。
LUA：相性を見るのにいい方法があるので、まずはそれをやってみましょう。コートカードの相性占いです。　◆POINT 1

相手
カップのナイト

質問者
カップのクイーン（逆）

LUA：どちらもカップが出ましたね。相手が〈カップのナイト〉でとても素直そうです。それに対し、Dさんが〈カップのクイーン（逆）〉。この2枚、並べてみるとDさんが背中を向けて心を閉ざしているように見えますね。一緒に組んでお仕事をするのははじめてなのですか？
D：はい。まだ知り合って半年もたっていないです。
LUA：「本当にやっていけるのかな」という不安から、Dさんは背中を向けてしまっているのかもしれませんね。それに引きかえ、相手の方はとても素直で前向きな印象。
D：では、もっと信じたほうがいいですね。
LUA：そうですね。あまり閉鎖的になってしまうと、せっかく向き合ってくれているのに、拗ねて背中を向けてしまうかもしれませんよ。
D：とはいえ、あまりにも性格が違うので、なにをするのでも意

◆POINT 1
コートカードの相性占いは、現在のふたりの関係性、パワーバランス、意思疎通の度合いなどが見えてきます。人間関係を占う際に、事前に占っておくと、様々な解釈を引き出しやすくなるでしょう。1枚の絵として眺めてみると発見があるはず。ちなみに、占星術の要素を加えて相性を見ることもできます。占星術で重要なのが太陽星座・月星座ですが、その組み合わせからコートカードのキャラクターを割り出すことができます。

太陽星座
　スート：ワンド・ペンタクル・ソード・カップ
月星座
　階級：ペイジ・ナイト・クイーン・キング

12星座
火：牡羊座・獅子座・射手座
地：牡牛座・乙女座・山羊座
風：双子座・天秤座・水瓶座
水：蟹　座・蠍　座・魚　座

Dさんは太陽射手座・月蟹座なので生まれもった資質は「ワンド（火）のクイーン（水）」、相手は太陽水瓶座・月牡羊座で「ソード（風）のキング（火）」と考えられま

Special Contents LUAの鑑定ルームへようこそ

見がわかれるんです。「2案のうち、どちらを選ぶ？」という場面で、必ずわかれます。それでお店のオープンまで無事にこぎつけられるのかどうか……。
LUA：では、新規開店を無事に成しとげるためにはどうしたらいいか、運の流れとアドバイスがわかるホースシュースプレッドで見てみましょう。

①過去
カップの
8（逆）

⑦最終予想
ペンタクルの
5（逆）

②現在
ソードの
キング（逆）

⑥障害と
なっていること
恋人（逆）

③近未来
死（逆）

④アドバイス
星

⑤周囲の状況
ソードの8

D：なんだか全体的に逆位置が多いですが、大丈夫でしょうか……。 ➡POINT 2
LUA：Dさんの不安感があらわれているのかもしれませんね。「⑤周囲の状況」に出ている〈ソードの8〉が、そのことを如実に物語っているようです。味方がいない、孤独だという気持ちになっていることがわかります。ここもわかりやすく正位置ですし「誰か、助けて欲しい」という気持ちなのでしょう。
D：ひとりで戦わなきゃ、という感じはあると思います。
LUA：では時間軸を見ていきましょう。「①過去」は〈カップの8（逆）〉で、過去に残してきたなにかに着手するというカードです。過去から脈々とつながっているなにかを背負っているイ

す。これをふたりの基本性格として相性を読み解くと（P98）また新たな発見があるでしょう。

➡POINT 2
逆位置の多いスプレッドは読みかたに戸惑いますが、そのなかで正位置で出たカードはとくに重要なメッセージをもっていることも多いので、ていねいにチェックしてみましょう。

221

メージ。諦めかけていたことへの再挑戦という意味合いもあります。

D：まさに！　実はこのお店のオープン事業は、かつて一度、失敗しているんです。

LUA：「②現在」が〈ソードのキング（逆）〉で、あまり友好的な状態ではないのが気になります。ギスギスしていて、意に沿わないものを切り捨てる心理が働いているような。

D：まさに今の私ですね……。

LUA：そして「③近未来」が〈死（逆）〉。過去に縛られて苦しみが長引く状態。過去のものを引き継ぎつつも、それに縛られていると先に進めないということなのかもしれません、

D：確かに、私は今までのやりかた、これまでのブランドイメージを踏襲しようとするところがあります。それに対して同僚は革新的で……だから合わないと感じるのかも。

LUA：やはり、その同僚とのつき合いかたがこの事業を成功させるカギを握っているのかもしれませんよ。「④アドバイス」として出ているのが〈星〉ですから、過去にしがみついて異なる意見を排除するのではなく、未来に希望をもって「こんなことができたらいいね」といった話をするといいのでは？

D：そうですね。もっと柔軟にいろいろな話をしてみるといいのかもしれないですね。

LUA：もしかすると、Dさんがあまり話してくれないから、この人から「こうしたらどうですか？」といろいろなことをいってくれているのかもしれませんよ。それをDさんは攻撃ととらえてしまっているのかも。

D：……まさにそうです。

LUA：「⑥障害となっていること」に〈恋人（逆）〉が出ていますが、おふたりの意志疎通ができてくると、つまり〈恋人〉が正位置の状態に戻ると、ほかの逆位置のカードもかわってくると思いますよ。「⑦最終予想」として出たのは〈ペンタクルの5（逆）〉。ひもじさが際立つカードですが、逆位置になると助けの手が差しのべられるという意味になります。とくに力のある人、スポンサーとなってくれる人が見つかる可能性があります。このままだと「私ひとりでがんばります」と苦しみながらやることになりますが、逆位置になるとお金をもっている人、余裕のある人からの支援があるんです。 ◆**POINT 3**

D：わかりました。では、私は具体的にどんなことをしていけばいいでしょうか？

LUA：では、最後に1枚引いてみましょうか。

◆ **POINT 3**

〈ペンタクルの5〉は正位置であれば、救いはあるのに、自分のプライドのためにあえて苦しい思いをするという意味になります。今回は逆位置なので、救いの手をとる、つまりスポンサーを見つけるという解釈になりました。

引き足し：アドバイス
ペンタクルの9（逆）

D：これ、人に気に入られたいカードですよね。自分をよく見せようとしたり、自分の地位にこだわっているのかも……。
LUA：確かに〈ペンタクルの9〉は「愛人カード」ではあるのですが、アドバイスとして引いているので、ちょっと違う解釈かもしれません。　▶POINT 4　この女性、頭巾をかぶせたハヤブサを手にとまらせているんです。　▶POINT 5　つまりこの人は鷹匠なんですね。頭巾を取るとハヤブサは飛んで獲物を取ってくる。Dさんがこの女性のようになればいいのでは？　正位置なら、手にとまらせて相手を受け止めている感じがありますが、今回は逆位置だから「さあ、いっておいで」という意味合いとも受け取れます。　▶POINT 6
D：なるほど、すごい解釈ですね！
LUA：お話を聞いていると、相手の方は仕事にとても意欲的ですし、とても楽しいのかもしれませんよ。そのうちになにかいいものが生まれるかもしれないですし。実際、最初のコートカード相性占いでも、相手の方は〈カップのナイト〉でしたし、馬に乗って突撃する気は満々ですよね。
D：とても腑に落ちました。鷹匠を目指したいと思います。
LUA：ハヤブサを飛ばすプロになると、Dさんは今までできなかったことができるようになると思います。それが未来の結果をかえてゆくことになりそうですよ。長く続くものを大切にしながらも、古いやりかたをする必要はなく、新しいやりかたに挑戦してみてもいいのでは？　それが「④アドバイス」として出た〈星〉のメッセージかもしれませんよ。

▶ POINT 4
アドバイスカードは、あくまでもアドバイスです。こうするといいですよと読むカードなので、いい・悪いを判断しないようにしましょう。「結果」なのか「アドバイス」なのか、しっかり読みわけることが大切です。

▶ POINT 5
カードの作者であるウエイトの解説には、「bird」とだけ記されていますが、頭部の赤い鳥を、頭巾をかぶせたハヤブサと解釈するタロッティストがいます。手にしたグローブと鳥の大きさからも、ハヤブサという推理が成り立ちます。こうした推理は新たな解釈のヒントになります。

▶ POINT 6
なぜここでDさんと同僚の方の関係を、鷹匠とハヤブサの関係になぞらえることを思いついたかというと、コートカード相性占いで相手は〈カップのナイト〉で、兜に羽がついていました。それを見て「羽」と「ハヤブサ」が結ひついたのです。このように意外なところから、読み解きが広がっていくことはよくあります。

LUA るあ

幼少期からオカルトと神秘の世界に関心を抱き、コンピュータ・グラフィックスのデザイナーを経て 2004 年に占術家に転身。西洋占星術、タロット、ルーン、ダウジング、数秘術などを習得。現在は、雑誌・書籍・WEB などの各メディアでの占い関連原稿の執筆と監修を行っている。蜘蛛とホラーをこよなく愛している。著書に『78枚のカードで占う、いちばんていねいなタロット』(日本文芸社)がある。
http://www.luaspider.com/

リーディングがもっと楽(たの)しくなる
78枚(まいうらな)で占うタロット読(よ)み解(と)きBOOK(ブック)

2019年6月1日　第1刷発行
2020年8月1日　第4刷発行

著　者　　LUA(るあ)
発 行 者　　吉田芳史
印 刷 所　　株式会社光邦
製 本 所　　株式会社光邦
発 行 所　　株式会社日本文芸社
　　　　　　〒135-0001　東京都江東区毛利2-10-18 OCMビル
　　　　　　TEL　03-5638-1660(代表)

Printed in Japan　112190516－112200720 Ⓝ 04 (310041)
ISBN978-4-537-21689-9
URL https://www.nihonbungeisha.co.jp/
© LUA 2019

アートディレクション　　江原レン (mashroom design)
装幀・本文デザイン　　森 紗登美 (mashroom design)
イラスト　　Maori Sakai
DTP　　小澤彩乃 (ジェイヴイコミュニケーションズ)、苅谷涼子
編集協力　　山田奈緒子、西川幸佳、新美静香 (説話社)

乱丁・落丁本などの不良品がありましたら、小社製作部宛にお送りください。送料小社負担にておとりかえいたします。
法律で認められた場合を除いて、本書からの複写・転載 (電子化を含む) は禁じられています。
また、代行業者等の第三者による電子データ化及び電子書籍化は、いかなる場合も認められていません。(編集担当：角田)